Stefan Brönnle
Märchen

Stefan Brönnle

MÄRCHEN

Mythologische Brücke zu einem neuen Erdbewusstsein

Bücher haben feste Preise.

2. Auflage 2021

Stefan Brönnle
Märchen – Mythologische Brücke zu einem neuen Erdbewusstsein

Titelseite:
Illustration: Elena Schweitzer (Tunnel), DeepGreen (Rotkäppchen), beide shutterstock.com
Gestaltung: Dragon Design, GB

Satz und Gestaltung:
Dragon Design, GB
Gesetzt aus der Rotis Serif und Rotis Semi Sans

Gesamtherstellung: Libri Plureos GmbH, Hamburg
Printed in Germany

ISBN 978-3-89060-741-2

Neue Erde GmbH
Cecilienstr. 29 · 66111 Saarbrücken
Deutschland · Planet Erde
www.neue-erde.de · info@neue-erde.de

Inhalt

Mythen, die wir nicht verstehen

Dieses Buch geht von einer Voraussetzung aus: Märchen sind Mythen.

Märchen – hier sind natürlich Volksmärchen und keine Kunstmärchen gemeint – sind keine Erfindungen im eigentlichen Sinne. Es sind Beschreibungen von wirklichen Zuständen, Ereignissen und Beziehungen in einer bildhaften, symbolischen Sprache.

Wir haben heute in unserer Kultur kein wirkliches Verständnis mehr für mythisches Denken und Erleben. Wir fragen stattdessen nach kausal-objektiven Realitäten, nach »richtig« und »falsch«. »Realität« und »Wirklichkeit« sind jedoch nicht identisch. »Realität«, abgeleitet vom lateinischen Wortstamm »res« für »Ding, Sache«, beschreibt unser aktuell vorherrschendes kausales Weltbild, in dem ich von einem Gegenstand getrennt bin. Beziehungen treten ausschließlich in Kausalbeziehungen – wenn... dann, actio... reactio – auf. Im Realitätsdenken gibt es Objektivität (also eine getrennte Beziehung zu einem Objekt). Der Begriff der Wirklichkeit dagegen wurde im 13. Jahrhundert von Mystikern geprägt und meint »im Wirken, durch das Handeln geschehend«. Wirklichkeit ist ein fluktuierender, schöpferischer Zustand, der unseren Emotionen und Gefühlen viel näher steht als unserem Denken, der geradezu eine Brücke zwischen Innen- und Außenwelt schlägt.

Mythen sind keine, wie viele glauben, vereinfachten Kausalerklärungen Primitiver, die die realen Zusammenhänge von erlebten Erscheinungen noch nicht erkannt haben; Mythen sind keine kausalen Wahrheiten, sondern geistig-symbolische. Mythen stehen der Philosophie näher als der Physik.

In einem Beitrag auf Facebook habe ich einmal den mythologischen Gehalt der Buche beschrieben. Unter anderem wird der Buche ein schützender, mütterlicher Aspekt zugeschrieben. Dies zeigt sich zum Beispiel in dem bis ins 18. Jahrhundert in Westfalen nachweisbaren Volksglauben, dass Babys aus einem hohlen Buchenstamm kommen.

Auf diesen Beitrag hin erhielt ich folgenden Kommentar: »Naja, die haben es halt nicht besser gewusst. Früher glaubte man auch, dass der Klapperstorch die Kinder bringt.« Dieser Kommentar zeigt anschaulich, wie stark wir im kausalen Denken verhaftet sind und wie wenig wir noch Mythen verstehen können.

Ich möchte dies kurz erklären: Halten wir es auch nur für eine Sekunde für möglich, dass Menschen tatsächlich *kausal* dachten, die Kinder kämen aus hohlen Buchen oder vom Storch? Eine schwangere Frau würde demnach nicht merken, wie sie ein Kind bekommt? Kausal kann man eine derartige Unwissenheit vielleicht noch Männern unterstellen. Wie aber sollte eine Frau vom ursächlichen Sachverhalt keine Ahnung haben? »Gestern war ich noch dick, und als ich heute aufwachte, lag da – schwupps – ein Baby! Der Storch muss es gebracht haben!«

Natürlich war den Menschen seit Anbeginn des Bewusstseins klar, dass die Frau das Kind gebiert. Dies ist kausaler Fakt. Warum also die Geschichten von Buche und Storch? Weil diese quasi »höhere Wirklichkeiten« widerspiegeln! Der Storch trägt, wie wir noch sehen werden, die Farben der Göttin: Rötlicher Schnabel und Beine, weißes Federkleid mit schwarzen Flügelspitzen. Er fischt an den »Portalen zur Erde«, den Teichen und Quellen, weshalb auch ein Brunnen das Portal zum Reich der Frau Holle darstellt, und trägt sozusagen die »Seele des Kindes« zu den Menschen, auf dessen Dach er nistet. Er ist als Vogel ein Seelentier.

Die Buche hat wie erwähnt schützenden, mütterlichen Charakter. Als Baum reicht sie mit den Zweigen in den Himmel und mit den Wurzeln in die Unterwelt. Sie verbindet die drei Welten, denen wir später noch begegnen werden. Die Seele nutzt sozusagen diesen »Kanal«, und so kann man sie aus einer hohlen Buche holen.

Im Mythos schwingen stets kosmologische Zusammenhänge mit. Die Bildersprache ist eine Brücke, die geistige Wirklichkeiten mit Erlebnissen der physischen Welt verbindet. Oder anders ausgedrückt: Mythen lassen erkennbar werden, dass auch die physische Realität letztlich geistig durchdrungen und durchseelt ist. Mythen werden –

trotz aller hier im Buch beschriebenen Zusammenhänge – letztendlich auch nicht rational erfasst. Sie werden erfühlt. Wie Aristoteles es ausdrückte: »Die Seele denkt nie ohne ein Bild«. Mythen sind Brücken zwischen Realität und Wirklichkeit.

Märchen, wie sie Gottseidank unter anderen von den Gebrüdern Grimm im 19. Jahrhundert – quasi kurz bevor sie ins kollektive Vergessen sinken konnten – gesammelt wurden, sind die Mythen unserer Ahnen. Sie sind wahre Schatztruhen symbolisch-geistiger Zusammenhänge und sprechen von einer Zeit, in der Erde und Mensch noch seelenhaft verbunden waren. Ab 1812 erschien die erste Ausgabe der Sammlung von »Kinder- und Hausmärchen« durch Wilhelm und Jacob Grimm. Zunächst war es volkskundliches Interesse der Brüder, das die Leser selbst zum Sammeln der »Volksmythen« anregen sollte. Eine Hoffnung, die sich in der bereits stark mental geprägten Kultur des 19. Jahrhunderts nicht erfüllte. Schon in der zweiten Auflage reagierte Wilhelm Grimm auf die zeitgenössische Kritik an der Erstausgabe. Die Brüder begannen das sprachliche Material »gefälliger« zu gestalten. Und so erhielten durch redaktionelle Maßnahmen unsere Märchen einen stilistischen Rahmen, der weit über die Grimmschen Märchen hinaus bis heute mit Märchen verknüpft ist. Der literaturhistorische Anspruch der Sprachforscher kapitulierte vor den zeitgenössischen Erwartungen an ein Kinderbuch – obgleich Mythen sicher als zentrale »Zielgruppe« gar nicht an Kinder gerichtet waren. So wurden die Märchen mehrfach umgeschrieben und erhielten mehr und mehr auch die moralisierende Fassung, wie wir sie heute kennen: Sei arbeitsam, sittsam, gehorsam...

Weitere Verfremdung erhielten unsere Märchen später durch den berühmten Walt Disney, der Schneewittchen, Dornröschen, Aschenputtel (Cindarella) und andere mehr zu romantischen abendfüllenden Zeichentrickfilmen verwob. Wie stark prägend der Zeichner mit seinen Filmen war, wird einem bewusst, wenn wir davon hören, dass im Märchen der Prinz die Prinzessin durch einen Kuss erlöst. Dieser »Fakt« scheint so tief eingeprägt, dass wir ihn kaum hinterfragen. Doch vergleichen wir die Disney-Version mit der Sammlung Grimmscher Märchen, so fällt auf, dass keine der Königstöchter tatsächlich vom Kuss des Prinzen erlöst wurde: Schneewittchen erwacht aus dem Todesschlaf, weil ein Sargträger stolpert und ihr der vergiftete »Apfelgrütz« aus der Kehle rutscht. Dornröschen erwacht, weil die Zeit des »Fluches« vorüber ist. Anders hätte der Prinz die Dornenhecke gar nicht überwinden können. Auch der Frosch im »Froschkönig« wird nicht durch einen Kuss erlöst, sondern er verwandelt sich, nachdem ihn die Königstochter angewidert gegen die Wand geworfen hat – ohne ihn zuvor zu küssen! Der romantische Kuss als Erlösungsmotiv wurde viel später in die Märchen hineingeschrieben. Wenn wir die frühere »Moral der Geschichte« betrachten, müssten wir eigentlich sagen: Wenn du eine Prinzessin willst, lass sie fallen und warte bis die Zeit reif ist oder umgekehrt: Mädels, wenn ihr einen Prinzen wollt, klatscht ihn an die Wand! Freilich würde eine solche Moral dem mythologischen Gehalt völlig zuwiderlaufen.

Um an den mythologischen Gehalt der Märchen zu gelangen, müssen wir darum tief graben. Zudem brauchen wir bisweilen die Erkenntnis von Sachverhalten, die uns in der Moderne verlorengegangen sind. Dazu zählt etwa die Erfahrung des Sternenhimmels, der heute allzu oft durch Kunstlicht überstrahlt und durch Häuserschluchten eingegrenzt wird.

Dennoch bleiben die Beschreibungen dieses Buches natürlich nichts anderes als Interpretationen. Es soll in keinem Falle Anspruch auf eine allgemeine Wahrheit erhoben werden. Psychologische Deutungen der Märchen behalten in gewissem Rahmen ihre Berechtigung, wenn man versteht, dass die durch die Mythen hindurchscheinende kollektive geistige Wirklichkeit auch im Individuum seelisch wirksam ist und deshalb psychologisch gedeutet werden kann.

Dies vorausgeschickt, soll dieses Buch ein wenig Licht und Aufmerksamkeit auf die tiefen Wurzeln unserer Kultur bringen, in der Hoffnung, dass diese als Dünger wirken und die Frucht der Mythen in unserer menschlichen Kultur dadurch um so größer wird. Wie wir sehen werden, haben die Märchen in ihrem mythischen Sinne eine große Bedeutung gerade auch in der Schwellenzeit, in der wir uns heute kulturell befinden. Sie werfen nicht nur einen Blick zurück auf das innige Seelenverhältnis, das unsere Ahnen mit der Erde verband, sondern dienen geradezu als eine Vision für eine neue Geokultur, ein neues Verhältnis von Erde und Mensch.

Rhythmen und Zyklen

Der Zyklus der Göttin

Reisen wir zurück zu den Anfängen der Menschheitsgeschichte. Soweit wir das überhaupt sagen können, herrschte in den ersten Kulten wohl eine Philosophie vor, die die Religionswissenschaft als »Urmonotheismus« bezeichnet. Im Zentrum der Verehrung stand die Große Göttin, die Magna Mater. Sie stand nicht nur für die Erde, sondern für den ganzen erfassbaren Raum. Auch der Himmel, der Kosmos, gehörten dazu und wurden wohl als Teil des Körpers der Göttin verstanden. Relikte dieser Vorstellung begegnen uns viele Tausend Jahre später in der ägyptischen Göttin Nut, die mit ihrem Körper das Himmelsgewölbe bildet. Aber zu dieser Zeit hatte sich die Große Göttin in der Vorstellung der Menschen bereits in viele Teilaspekte aufgesplittert.

Künstlerische Belege für die These des weiblichen Urmonotheismus finden wir in zahlreichen gefundenen Figurinen – meist als »Venus« tituliert – wie die Venus vom Hohlefels (rund 40.000 Jahre alt), Venus von Dolni (rund 30.000 Jahre alt), Venus von Willendorf (rund 27.000 Jahre alt) oder die Venus von Laussel (rund 25.000 Jahre alt). Die Verehrung des weiblichen Aspektes in der Natur hatte durchaus sinnlich-erfahrbare Gründe: Wie die Menschen erleben konnten, wurde jegliches Leben von Frauen geboren. Wie sollte es anders sein, als dass eine Frau, eine Göttin, ursächlich hinter der Schöpfung und der Fruchtbarkeit stand? Im Sozialen beherrschten Gesellschaftsstrukturen die Menschheit, die im 19.Jahrhundert mit dem Begriff des Matriarchats bezeichnet wurden. Ich halte den Begriff für unglücklich, denn er bedeutet »Herrschaft der Mütter«. Nach allem, was die »Matriarchatsforschung« heute weiß, ging es vermutlich aber gerade nicht um Herrschen und Beherrscht-Werden. Vielmehr standen die Frauen, die »Mütter«, im Zentrum einer relativ egalitären Gesellschaftsstruktur.

Deshalb bevorzuge ich den Ausdruck »matrifokal« (mutterzentriert, auf die Mutter ausgerichtet).

Wir müssen uns die enorm lange Zeit vor Augen halten, während der offenbar die matrifokale Kultur mit der Verehrung einer wie auch immer gearteten Magna Mater existierte: Dabei müssen wir nicht kleinlich mit Zeiträumen sein. Je nach Weltgegend brach sich das Patriarchat um etwa 2000 bis 1500 v. Chr. Bahn. Wenn man von einer Entstehung des Menschen vor etwa 100.000 Jahren (*homo sapiens sapiens*) ausgeht und dem Menschen noch »ein paar Jahre« der Bewusstwerdung und der Entwicklung von Weltbildern und Kulten zugesteht, bedeutet dies immer noch eine matrifokale Kultur von rund 90.000 Jahren! Es

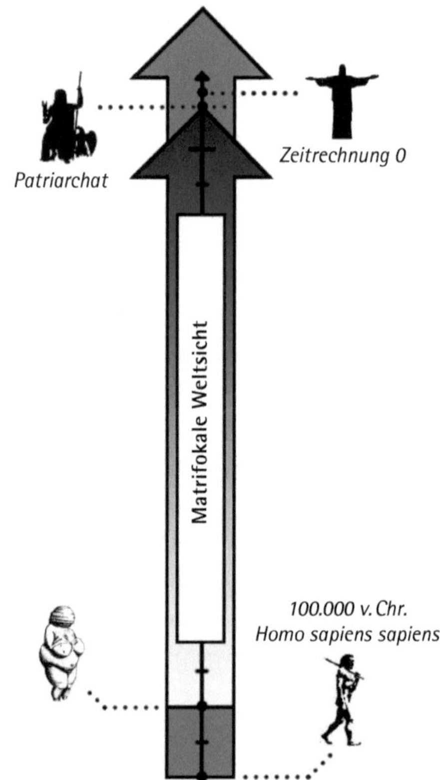

wäre vermessen, anzunehmen, diese enorm lange Zeitspanne hätte das Bewusstsein der Menschheit und ihrer Mythen nicht geprägt! So durchdringen auch Symbolbilder wie Urmütter (Frau Holle), Feen und Zauberinnen die Märchen und geben ihnen Rahmen und Halt.

Gegen Ende der Phase des matrifokalen Kultes wurden auch die symbolisch-mythologischen Weltbilder komplexer, und die Große Göttin teilte sich in drei Göttinnen auf, die gleichsam eine matrifokale Trinität (Dreieinigkeit) bildeten. Marko Pogacnik benennt sie in Unterscheidung zur christlichen Trinität von Vater, Sohn und Heiligem Geist, mit »Ternität«.

Der Unterschied von patriarchaler Trinität und matrifokaler Ternität ist evident und bezieht sich nicht allein auf das Geschlecht der Göttlichkeit. Während die Trinität quasi hierarchisch strukturiert ist – der allumfassende Vatergott, der seine Schöpferkraft (den Heiligen Geist) quasi emittiert und durch diesen Impuls einen sich inkarnierenden Gottesteil (Sohn) erschafft – ist die weibliche Ternität egalitär-zyklisch zu denken.

Die drei Göttinnen, die eigentlich eine sind, sind drei Lebensaspekte, die kosmologisch jeweils in einem bestimmten Aspekt schöpferisch sind (daher egalitär), jedoch sich zyklisch in den jeweils nächsten wandeln. Es hat sich eingebürgert, diese drei Aspekte mit je einer Farbe zu assoziieren, da die Göttinnen-Ternität häufig mit den Farben Weiß, Rot und Schwarz gemeinsam auftaucht:

Der weiße Aspekt ist die »Junge Göttin«. Sie vertritt ein vor allem geistig-kosmisches Schöpfungsprinzip, das die Materie nicht oder nur kaum berührt. Im Wechsel zur patriarchalen Zeit erhalten der Kosmos und der Geist eindeutig männliche Züge, so dass der »Vater im Himmel« »Mutter Erde« gegenübersteht. Doch zuvor war auch das geistige Prinzip weiblich gedacht.

Im Erlebnis des Jahreslaufs entspricht der weiße göttliche Aspekt dem Vorfrühling, dem Schmelzen des Schnees und dem noch zögerlichen Keimen der ersten Frühjahrsblüher wie dem Schneeglöckchen. Die mit der Weißen Göttin verbundene Mondphase ist der Neumond, die erste zarte Mondsichel der Wiedergeburt des Mondes.

Diese Phase scheint nur kurz zu währen, denn kaum wird es wärmer, bricht die Natur sich in ihrer ganzen Fülle Bahn. Die Fruchtbarkeit breitet sich aus und schafft einen Reichtum der Überfülle. Mit der Jahreszeit des Sommers und der Zeit des Vollmonds wird die Phase der Roten Göttin, der fruchtbaren Frau, physisch erlebbar. Es ist dies auch die Phase des Eros und der Sexualität, der Schwangerschaft und der Geburt.

Wenn die Früchte reifen, ziehen sich die Pflanzen in unseren Breiten wieder zurück. Das Laub wird bunt und fällt ab. Die Natur scheint zu sterben. Zugleich nimmt das Licht ab und gibt mehr und mehr der Dunkelheit Raum. Ebenso verliert der Mond im Laufe des Mondzyklus sein Licht und verbirgt sich drei Tage als Schwarzmond völlig vor unseren Augen. Die Zeit der Schwarzen Göttin, der »Alten«, bricht an. Scheint dies auch physisch eine Zeit des Sterbens zu sein, so ist der Prozess an sich dennoch transformativ und daher auch auf der Seelenebene schöpferisch. Die Schwarze Göttin besitzt die Kraft der Wandlung.

So sind alle drei Phasen schöpferisch: der weiße Aspekt geistig, der rote Aspekt physisch, der schwarze Aspekt seelisch. Eines wandelt sich ins nächste, und die Schwarze Göttin übergibt ihre »Macht« erneut ab an die Weiße.

Zugleich stehen die drei Göttinnenaspekte in Beziehung zu wesentlichen kulturhistorisch-symbolischen Attributen. Sie haben sich bis weit in das patriarchal geprägte Christentum hinübergerettet und finden sich in den drei »Heiligen Madeln« wieder: *Barbara mit dem Turm, Margarethe mit dem Wurm und Katharina mit dem Radl sind die drei heiligen Madl.*

Der Turm verkörpert die Weltenachse, die *axis mundi*, die Geist und Materie verbindet. Er ist ein Attribut der Weißen Göttin. Der »Wurm«, der Drache oder die Schlange sind Symbole der Urkraft und der Sexualität. Der Drache begleitet die Rote Göttin. Die Schwarze Göttin schließlich hält das Wandlungsrad mit dem stillen Zentrum und der sich bewegenden Peripherie.

Das Prinzip der drei Göttinnen ist kulturübergreifend zu finden. Wir entdecken es bei den Germanen in den drei Nornen an den Wurzeln

des Weltenbaumes, an denen der Drache Nidhöggr nagt, am Urdarbrunnen sitzend: Urd spinnt mit dem Spinnrad den Lebensfaden (weiß), Verdandi teilt ihn und das damit verbundene Schicksal zu (rot) und Skuld schneidet ihn ab (schwarz).

In Rom sind es die drei Parzen, in Griechenland erkennen wir die Dreiheit im Mythos um Demeter (rot), Persephone (schwarz) und Kore (weiß) wieder, und bei den Kelten zum einen in den drei Schwestern Macha, Bodbh und Morrigan (die »drei Machas«), zum anderen auch in der Göttin Dana. Dana ist selbst die große Mutter Erde. Mit der keltischen Brigid (die auch als ihre Tochter gilt) bildet sie eine mythische Einheit. Dana tritt auch manchmal als Brigid (Jungfrau), Danu (Mutter) und Anu (Greisin) auf und vertritt so die matrifokale Göttinnenternität.

Auch die Dreiheit der drei Göttinnenphasen wird uns in den Märchen öfter wiederbegegnen. Sie stellt eine mythische Brücke in die Gedanken- und Gefühlswelt unserer Ahnen dar, die Zeit und Raum nicht linear, sondern zyklisch begriffen.

Zyklische und lineare Zeitwahrnehmung

Die ersten Märchenbeispiele rücken diese zyklische Wahrnehmung ins Zentrum unserer Betrachtungen. Es bedarf vielleicht zunächst eines inneren Kraftaktes, Zeit als zyklisch zu begreifen. Zu tief sitzt die Vorstellung, dass Zeit etwas Lineares ist, wie sie unsere patriarchale Kultur vorgibt. Wir blicken in den Kalender und sehen, wie die Tage, die Wochen, die Monate und Jahre vorüberstreichen, scheinbar für immer verloren im Meer der Zeit. Dabei haben wir im Fokus, was war und was möglicherweise sein wird, aber selten was ist.

Es ist daher vielleicht zunächst schwer, sich Zeit als einen Kreis, oder zumindest als eine Spirale statt einer Linie vorzustellen. Doch der immer wiederkehrende Lauf der Jahreszeiten gab unseren Ahnen Sicherheit, die Sicherheit, dass auf jeden Tod eine Wiederkehr folgen würde, wie auf den Winter der Frühling folgt. Feste, an *festen*

Fixpunkten – darum auch *Feste* genannt – ließen den Zyklus erlebbar werden. Sie wurden durch die astronomischen Fixpunkte Sommer- und Wintersonnwende sowie die beiden Tagundnachtgleichen (Äquinoktien) im Frühjahr und Herbst definiert, die noch heute den Beginn der Jahreszeiten markieren, auch wenn klimatisch das Frühjahr lange vor dem 20. März und der Winter lange vor dem 21. beziehungsweise 22. Dezember begonnen haben.

Dem Viererrad folgten bei den Kelten die Zwischenfeste Beltane, Lughnassad, Samhain und Imbolc und machten es so zum achtspeichigen Rad.

Heute ist dieses Denken in unserer Kultur nahezu verlorengegangen. Feste sind »Events«. Weihnachten heißt Konsum und Geschenke. Die wenigsten wissen wohl noch, dass die Wintersonnwende, die längste Nacht und die mythische Wiedergeburt des Lichtes da wohl irgendwie beim Datum mitbeteiligt gewesen sein mussten. Auch Sommersonnwendfeste dienen heute wohl häufig mehr dem Feuer und dem Alkohol und können, wenn der Termin ungünstig auf einen Wochentag fällt, schnell auf das folgende Wochenende verschoben werden. Doch das wahre Ereignis – der längste Tag, das dreitägige »Stillstehen« der Sonne, das heißt, der Sonnenaufgang am selben Horizontpunkt – ist dann vorbei.

Doch die *Feste* (= Fixpunkte) sind nicht austauschbar! Ist es eine unzulässige Vermutung, dass die willfährige Austauschbarkeit von Festtagsdaten im Jahreslauf, der Austausch von ökologischen Lebensräumen durch die Bildung von »Ersatzbiotopen« und die Suche nach einer »Neuen Erde«, deren Ressourcen nicht verbraucht sind, auf der gleichen patriarchal-linearen Denkweise beruhen? Wer beständig linear fortschreitet, kann seinen Müll getrost hinter sich liegen lassen, doch wer auf seinem Lebensweg wieder und wieder zyklisch an denselben Ort kommt, begegnet dort schnell seinem eigenen Müll. Die Veränderung des Denkens von der Zyklizität zur Linearität spiegelt sich in unserem Verhältnis zu Natur und Erde.

Umgekehrt hat der, der in einem kosmischen Ereignis wie etwa einer Sonnenfinsternis nur ein astronomisches Spektakel erkennt und

nicht die immense symbolisch-mythologische Aussage, dass Sonne, Mond und Erde eine Linie bilden und somit im Gleichklang sind, einen wichtigen Seelenteil verloren oder zumindest tief in sich vergraben. Mythologisch verbinden sich hier die drei Göttinnen zu einer und zeigen das Ende eines Zyklus sowie den Beginn eines neuen an: fundamentale Ereignisse, die natürlich Eingang in unsere Mythen und damit Märchen fanden.

Darum wollen wir in den nun folgenden Märchen das Wiedererkennen der Zyklizität ins Zentrum rücken: Zyklen der Erde, Zyklen kosmologisch-astronomischer Ereignisse und Zyklen des Göttlichen selbst.

ERDENZYKLEN

Schneewittchen (Sneewittchen)

Es war einmal mitten im Winter, und die Schneeflocken fielen wie Federn vom Himmel, da saß eine schöne Königin an einem Fenster, das hatte einen Rahmen von schwarzem Ebenholz, und nähte. Und wie sie so nähte und nach dem Schnee aufblickte, stach sie sich mit der Nadel in den Finger, und es fielen drei Tropfen Blut in den Schnee. Und weil das Rothe in dem Weißen so schön aussah, so dachte sie: Hätt ich doch ein Kind so weiß wie Schnee, so rot wie Blut und so schwarz wie dieser Rahmen. Und bald darauf bekam sie ein Töchterlein, so weiß wie der Schnee, so rot wie das Blut und so schwarz wie Ebenholz, und darum ward es das Schneewittchen genannt.

Die Königin war die schönste im ganzen Land und gar stolz auf ihre Schönheit, Sie hatte auch einen Spiegel, vor den trat sie alle Morgen und fragte: »Spieglein, Spieglein an der Wand: Wer ist die schönste Frau in dem ganzen Land?« Da sprach das Spieglein allzeit: »Ihr, Frau Königin, seid die schönste Frau im Land.«

Und da wusste sie gewiss, dass niemand schöner auf der Welt war. Schneewittchen aber wuchs heran, und als es sieben Jahr alt war, war es so schön, dass es selbst die Königin an Schönheit übertraf, und als diese ihren Spiegel fragte: »Spieglein, Spieglein an der Wand: Wer ist die schönste Frau in dem ganzen Land?« sagte der Spiegel: »Frau Königin, Ihr seid die schönste hier, aber Schneewittchen ist noch tausendmal schöner als Ihr!«

Wie die Königin den Spiegel so sprechen hörte, ward sie blass vor Neid, und von Stund an hasste sie das Schneewittchen, und wenn sie es ansah und gedacht, dass durch seine Schuld sie nicht mehr die Schönste auf der Welt sei, kehrte sich ihr das Herz herum. Da ließ ihr der Neid keine Ruhe, und sie rief einen Jäger und sagte zu ihm: »Führ das Schneewittchen hinaus in den Wald an einen weiten abgelegenen Ort, da stich es tot, und zum Wahrzeichen bring mir seine Lunge und seine Leber mit, die will ich mit Salz kochen und essen.« Der Jäger nahm das Schneewittchen und führte es hinaus, wie er aber den Hirschfänger gezogen hatte und eben zustechen wollte, da fing es an zu weinen, und bat so sehr, er mögt ihm sein Leben lassen, es wollt nimmermehr zurückkommen, sondern in dem Wald fortlaufen. Den Jäger erbarmte es, weil es so schön war und gedachte: Die wilden Tiere werden es doch bald gefressen haben, ich bin froh, dass ich es nicht zu töten brauche, und weil gerade ein junger Frischling gelaufen kam, stach er den nieder, nahm Lunge und Leber heraus und bracht sie als Wahrzeichen der Königin mit, die kochte sie mit Salz und aß sie auf und meinte, sie hätte Schneewittchen Lunge und Leber gegessen.

Schneewittchen aber war in dem großen Wald mutterseelenallein, so dass ihm recht Angst ward und fing an zu laufen und zu laufen über die spitzen Steine und durch die Dornen den ganzen Tag: Endlich, als die Sonne untergehen wollte, kam es zu einem kleinen Häuschen. Das Häuschen gehörte sieben Zwergen, die waren aber nicht zu Haus, sondern in das Bergwerk gegangen. Schneewittchen ging hinein und fand alles klein, aber niedlich und reinlich: Da stand ein Tischlein mit sieben kleinen Tellern, dabei sieben Löfflein, sieben Messerlein und Gäblein, sieben Becherlein, und an der Wand standen sieben Bettlein neben einander frisch gedeckt. Schneewittchen war hungrig und durstig, aß von jedem Tellerlein ein wenig Gemüse

und Brot, trank aus jedem Gläschen einen Tropfen Wein, und weil es so müd war, wollte es sich schlafen legen. Da probierte es die sieben Bettlein nacheinander, keins war ihm aber recht, bis auf das siebente, in das legte es sich und schlief ein.

Wie es Nacht war, kamen die sieben Zwerge von ihrer Arbeit heim und steckten ihre sieben Lichtlein an, da sahen sie, dass jemand in ihrem Haus gewesen war. Der erste sprach: »Wer hat auf meinem Stühlchen gesessen?« Der zweite: »Wer hat von meinem Tellerchen gegessen?« Der dritte: »Wer hat von meinem Brötchen genommen?« Der vierte: »Wer hat von meinem Gemüschen gegessen?« Der fünfte: »Wer hat mit meinem Gäbelchen gestochen?« Der sechste: »Wer hat mit meinem Messerchen geschnitten?« Der siebente: »Wer hat aus meinem Becherlein getrunken?« Darnach sah der erste sich um und sagte: »Wer hat in mein Bettchen getreten?« Der zweite: »Ei, in meinem hat auch jemand gelegen?« und so alle weiter bis zum siebenten, wie der nach seinem Bettchen sah, da fand er das Schneewittchen darin liegen und schlafen. Da kamen die Zwerge alle gelaufen, und schrien vor Verwunderung und holten ihre sieben Lichtlein herbei und betrachteten das Schneewittchen, »Ei du mein Gott! Ei du mein Gott!« riefen sie, »was ist das schön!« Sie hatten große Freude an ihm, weckten es auch nicht auf, und ließen es in dem Bettlein liegen; der siebente Zwerg aber schlief bei seinen Gesellen, bei jedem eine Stunde, da war die Nacht herum. Als nun Schneewittchen aufwachte, fragten sie es, wer es sei und wie es in ihr Haus gekommen wäre, da erzählte es ihnen, wie seine Mutter es habe wollen umbringen, der Jäger ihm aber das Leben geschenkt und wie es den ganzen Tag gelaufen und endlich zu ihrem Häuslein gekommen sei. Da hatten die Zwerge Mitleid und sagten: »Wenn du unsern Haushalt versehen und kochen, nähen, betten, waschen und stricken willst, auch alles ordentlich und reinlich halten, sollst du bei uns bleiben und soll dir an nichts fehlen; abends kommen wir nach Haus, da muss das Essen fertig sein, am Tage aber sind wir im Bergwerk und graben Gold, da bist du allein; hüte dich nur vor der Königin und lasse niemand herein.«

Die Königin aber glaubte, sie sei wieder die allerschönste im Land, trat morgens vor den Spiegel und fragte: »Spieglein, Spieglein an der Wand: Wer ist die schönste Frau in dem ganzen Land?« Da antwortete der Spiegel aber wieder: »Frau Königin, Ihr seid die schönste hier: aber Schneewittchen, über den sieben Bergen ist noch tausendmal schöner als Ihr!«

Wie die Königin das hörte, erschrak sie und sah wohl, dass sie betrogen worden und der Jäger Schneewittchen nicht getötet hatte. Weil aber niemand als die sieben Zwerglein in den sieben Bergen war, da wusste sie gleich, dass es sich zu diesen gerettet hatte, und nun sann sie von neuem nach, wie sie es umbringen könnte, denn so lang der Spiegel nicht sagte, sie wär die schönste Frau im ganzen Land, hatte sie keine Ruh. Da war ihr alles nicht sicher und gewiss genug, und sie verkleidete sich selber in eine alte Krämerin, färbte ihr Gesicht, dass sie auch kein Mensch erkannte, und ging hinaus vor das Zwergenhaus. Sie klopfte an die Thür und rief: »Macht auf, macht auf, ich bin die alte Krämerin, die gute Ware feil hat.« Schneewittchen guckte aus dem Fenster: »Was habt ihr denn?« – »Schnürriemen, liebes Kind«, sagte die Alte, und holte einen hervor, der war von gelber, roter und blauer Seide geflochten: »Willst du den haben?« – »Ei ja«, sprach Schneewittchen, und dachte, die gute alte Frau kann ich wohl hereinlassen, die meint es redlich; riegelte also die Türe auf und handelte sich den Schnürriemen. »Aber wie bist du so schlampig geschnürt«, sagte die Alte, »komm ich will dich einmal besser schnüren.« Schneewittchen stellte sich vor sie, da nahm sie den Schnürriemen und schnürte und schnürte es so fest, dass ihm der Atem verging, und es für tot hinfiel. Darnach war sie zufrieden und ging fort.

Bald darauf ward es Nacht, da kamen die sieben Zwerge nach Haus, die erschraken recht, als sie ihr liebes Schneewittchen auf der Erde liegen fanden, als wär es tot. Sie hoben es in die Höhe, da sahen sie, dass es so fest geschnürt war, schnitten den Schnürriemen entzwei, da atmete es erst, und dann ward es wieder lebendig. »Das ist niemand gewesen, als die Königin«, sprachen sie, »die hat dir das

Leben nehmen wollen, hüte dich und lasse keinen Menschen mehr herein.«

Die Königin aber fragte ihren Spiegel: »Spieglein, Spieglein an der Wand: Wer ist die schönste Frau in dem ganzen Land?« Der Spiegel antwortete: »Frau Königin, Ihr seid die schönste hier, aber Schneewittchen bei den sieben Zwergelchen ist tausendmal schöner als Ihr.«

Sie erschrak, dass das Blut ihr all zum Herzen lief, da sie sah, dass Schneewittchen wieder lebendig geworden war. Darnach sann sie den ganzen Tag und die Nacht, wie sie es doch noch fangen wollte, und machte einen giftigen Kamm, verkleidete sich in eine ganz andere Gestalt und ging wieder hinaus. Sie klopfte an die Thür, Schneewittchen aber rief: »Ich darf niemand hereinlassen!« Da zog sie den Kamm hervor, und als Schneewittchen den blinken sah und es auch jemand ganz Fremdes war, so machte es doch auf und kaufte ihr den Kamm ab. »Komm ich will dich auch kämmen«, sagte die Krämerin, kaum aber stak der Kamm dem Schneewittchen in den Haaren, da fiel es nieder und war tot. »Nun wirst du liegen bleiben«, sagte die Königin, und ihr Herz war ihr leicht geworden, und sie ging heim. Die Zwerge aber kamen zu rechter Zeit, sahen was geschehen, und zogen den giftigen Kamm aus den Haaren, da schlug Schneewittchen die Augen auf und war wieder lebendig, und es versprach den Zwergen, es wollte gewiss niemand mehr einlassen.

Die Königin aber stellte sich vor ihren Spiegel: »Spieglein, Spieglein an der Wand: Wer ist die schönste Frau in dem ganzen Land?« Der Spiegel antwortete: »Frau Königin, Ihr seid die schönste hier, aber Schneewittchen bei den sieben Zwergelchen ist tausendmal schöner als Ihr!«

Wie das die Königin wieder hörte, zitterte und bebte sie vor Zorn: »So soll das Schneewittchen noch sterben, und wenn es mein Leben kostet!« Dann ging sie in ihre heimlichste Stube, und niemand durfte vor sie kommen, und da machte sie einen giftigen, giftigen Apfel, äußerlich war er schön und rotbäckig, und jeder der ihn sah, bekam Lust dazu. Darauf verkleidete sie sich als Bauersfrau, ging vor das Zwerghaus und klopfte an. Schneewittchen guckte und sagte: »Ich darf keinen Menschen einlassen, die Zwerge haben mir es bei Leibe verboten.« »Nun, wenn Ihr nicht wollt, sagte die Bäuerin, kann ich euch nicht zwingen, meine Äpfel will ich schon loswerden, da, einen will ich euch zur Probe schenken.« – »Nein, ich darf auch nichts geschenkt nehmen, die Zwerge wollen es nicht haben.« – »Ihr mögt Euch wohl fürchten, da will ich den Apfel entzwei schneiden und die Hälfte essen, da den schönen roten Backen sollt Ihr haben.« Der Apfel war aber so künstlich gemacht, dass nur die rote Hälfte vergiftet war. Da sah Schneewittchen, dass die Bäuerin selber davon aß, und sein Gelüsten darnach ward immer größer, da ließ es sich endlich die andere Hälfte durchs Fenster reichen und biss hinein, kaum aber hatte es einen Bissen im Mund, so fiel es tot zur Erde.

Die Königin aber freute sich, ging nach Haus und fragte den Spiegel: »Spieglein, Spieglein an der Wand: Wer ist die schönste Frau in dem ganzen Land?« Da antworte er: »Ihr, Frau Königin, seid die schönste Frau im Land!« »Nun hab ich Ruhe«, sprach sie, »da ich wieder die schönste im Lande bin, und Schneewittchen wird diesmal wohl tot bleiben.«

Die Zwerglein kamen abends aus den Bergwerken nach Haus, da lag das liebe Schneewittchen auf dem Boden und war tot. Sie schnürten es auf und sahen, ob sie nichts Giftiges in seinen Haaren fänden, es half aber alles nichts, sie konnten es nicht wieder lebendig machen. Sie legten es auf eine Bahre, setzten sich alle sieben daran, weinten und weinten drei Tage lang, dann wollten sie es begraben, da sahen sie aber, dass es noch frisch und gar nicht wie ein Toter aussah und dass es auch seine schönen roten Backen noch hatte. Da ließen sie einen Sarg von Glas machen, legten es hinein, dass man es recht sehen konnte, schrieben auch mit goldenen Buchstaben seinen Namen darauf und seine Abstammung, und einer blieb jeden Tag zu Haus und bewachte es.

So lag Schneewittchen lange, lange Zeit in dem Sarg und verweste nicht, war noch so weiß als Schnee und so rot als Blut, und wenn es die Äuglein hätte können auftun, wären sie so schwarz gewesen wie Ebenholz, denn es lag da, als wenn es schlief. Einmal kam ein junger Prinz zu dem Zwergenhaus und wollte darin übernachten, und wie er in die Stube kam und Schneewittchen in dem Glassarg liegen sah, auf das die sieben Lichtlein so recht ihren Schein warfen, konnte er sich nicht satt an seiner Schönheit sehen und las die goldene Inschrift und sah, dass es eine Königstochter war. Da bat er die Zwerglein, sie sollten ihm den Sarg mit dem toten Schneewittchen verkaufen, die wollten aber um alles Gold nicht; da bat er sie, sie möchten es ihm schenken, er könne nicht leben, ohne es zu sehen, und er wolle es so hoch halten und ehren, wie sein Liebstes auf der Welt. Da waren die Zwerglein mitleidig und gaben ihm den Sarg, der Prinz aber ließ ihn in sein Schloss tragen, und ließ ihn in seine Stube setzen, er selber saß den ganzen Tag dabei und konnte die Augen nicht abwenden; und wenn er aus musste gehen und konnte Schneewittchen nicht sehen, ward er traurig, und er konnte auch keinen Bissen essen, wenn der Sarg nicht neben ihm stand. Die Diener aber, die beständig den Sarg herumtragen mussten, waren bös darüber, und einer machte einmal den Sarg auf, hob Schneewittchen in die Höh und sagte: »Um so eines toten Mädchens willen, werden wir den ganzen Tag geplagt«, und gab ihm mit der Hand einen Stumpf in den Rücken. Da fuhr ihm der garstige Apfelgrütz, den es abgebissen hatte, aus dem Hals, und da war Schneewittchen wieder lebendig. Da ging es hin zu dem Prinzen, der wusste gar nicht, was er vor Freuden tun sollte, als sein liebes Schneewittchen lebendig war, und sie setzten sich zusammen an die Tafel und aßen in Freuden.

Auf den andern Tag ward die Hochzeit bestellt und Schneewittchens gottlose Mutter auch eingeladen. Wie sie nun am Morgen vor dem Spiegel trat und sprach: »Spieglein, Spieglein an der Wand: Wer ist die schönste Frau in dem ganzen Land?« Da antwortete er: »Frau Königin, Ihr seid die schönste hier, aber die junge Königin ist tausendmal schöner als Ihr!«

Als sie das hörte, erschrak sie, und es war ihr so Angst, so Angst, dass sie es nicht sagen konnte. Doch trieb sie der Neid, dass sie auf der Hochzeit die junge Königin sehen wollte, und wie sie ankam, sah sie, dass es Schneewittchen war; da waren eiserne Pantoffeln im Feuer glühend gemacht, die musste sie anziehen und darin tanzen, und ihre Füße wurden jämmerlich verbrannt, und sie durfte nicht aufhören bis sie sich zu Tode getanzt hatte.

Der Erdenrhythmus und das Streben, ihn zu überwinden

In Schneewittchen begegnet uns eine geradezu klassische Abbildung der Vorstellung von der Erde als Magna Mater, als Große Mutter mit den drei Farb- und Lebensaspekten Weiß, Rot und Schwarz. Auch Schneewittchen sind diese drei Farben zu eigen: Haut so weiß wie der Schnee, Lippen so rot wie Blut und die Haare (oder wie es in dieser Märchenversion auch heißt »Augen«) so schwarz wie Ebenholz. Damit zeigt sich Schneewittchen als ein deutlicher Ausdruck der Erdgöttin.

In mythologischer Vorstellung erstirbt (in unseren Breiten) die Erde jedes Jahr, geht ihren Gang ins Todesreich und wird dann erneut geboren. Ein Beispiel für das mythologische Bild des Weges der Göttin ist der griechische Mythos von Persephone (römisch Proserpina), wie sie zum Beispiel Homer in der »Hymne für Demeter« darstellt: Die Göttin Kore wird von Hades in die Unterwelt entführt. In dieser wird sie als Persephone bezeichnet. Ihre Mutter Demeter lässt aus Trauer nichts mehr wachsen (Winter), bis Zeus bei Hades durchsetzt, dass Persephone als Kore die Hälfte des Jahres auf der Erde weilen darf (Sommer). Dies ist die Zeit der Fruchtbarkeit.

Im Märchen von Schneewittchen ist auch die »böse Stiefmutter« (in dieser Märchenversion ist es gar die Mutter selbst) ein Ausdruck der Erdgöttin. Doch der Aspekt, der einst fruchtbar und schön war, weigert sich, seinem Rhythmus zu folgen: *»Frau Königin, Ihr seid die Schönste hier, aber Schneewittchen ist tausendmal schöner als Ihr.« Da erschrak die Königin und ward gelb und grün vor Neid.* Die Stiefmutter möchte ihre Schönheit und ihre Macht nicht an die neue Jahreskönigin abgeben. Sie beauftragt den Jäger, Schneewittchen zu töten. Als Jäger wird auch das Sternbild Orion beschrieben: Als starker Jäger lebte der Mythologie nach Orion einst auf Kreta. Er wurde bei der Jagd von seinen Jagdhunden Sirius und Procyon begleitet, die auch am Firmament sein Sternbild umgeben. Als typisches Wintersternbild, also im Winter für uns sichtbares Bild, taucht Orion auf, wenn sich das Jahr zu Ende neigt und der Winter naht. Er tötet Schneewittchen nicht, doch sie muss (aus unserer Welt) fliehen.

Wir erkennen hier bereits astronomisch induzierte Mythen im Märchen wieder. Der Jäger (Orion) im Märchen zeigt an, dass es um einen typischen Erdenzyklus geht.

Auf ihrer Flucht sucht Schneewittchen Zuflucht bei den sieben Zwergen. Hier gibt es für mich zwei anschauliche Interpretationen: Die sieben Zwerge behüten und beschützen Schneewittchen, also die Erde, und nehmen sie in ihre Gemeinschaft auf. Die Zahl der klassischen Planeten war (bis 1781) sieben: neben Sonne und Mond die fünf mit bloßem Auge sichtbaren. Man stellte sich die sieben Planeten als Sphären vor, die die Erde quasi wie Schalen umhüllten und schützten. Freilich sind dies geistig-seelische Sphären. Wenn also Schneewittchen nicht »in dieser Welt weilt«, weil sie sich hinter der Schwelle, hinter den sieben Bergen, befindet, die nichts anderes sind als die Planetensphären, dann, weil die Erde geistig-seelisch nicht auf unserer physischen Realitätsebene ist, sie ist behütet von den anderen sieben Planeten.

Eine andere Interpretation sieht in den sieben Zwergen das Siebengestirn der Plejaden. Diese Siebenergruppe bildet die Schultersterne des Sternbildes Stier (der übrigens am Himmel dicht bei Orion liegt). Der Stier wiederum liegt dem Skorpion gegenüber – dem Zeichen des Todes und der Wandlung. Das Siebengestirn der Plejaden »bewacht« somit den Eingang zum Totenreich (Skorpion) so, wie die sieben Zwerge die geschwundene Kraft der Erde hüten.

Es ist zugegeben schwer zu entscheiden, welche der beiden Interpretationen stimmiger ist. Letztendlich ist dies auch zweitrangig, zeigen doch beide Symbole auf, dass Schneewittchen »hinter den sieben Bergen« eben dem sinnlichen Erfahrungsraum der Menschen entzogen ist. Sie muss dort verweilen, bis ihre Zeit als neue Jahreskönigin reif ist.

Dreimal bemüht sich die alte Jahreskönigin darum, die Wiederkehr Schneewittchens und damit der neuen Jahreskraft zu verhindern: durch einen Schnürriemen, einen Kamm und schließlich einen Apfel. Der Schnürriemen raubt ihr den Lebensatem, er umfasst ihren Bauch- und Brustraum. Er richtet sich gegen die Seele, das schwarze Prinzip in ihr, die doch alle drei Farben trägt. Der giftige Kamm sticht ihr in den Kopf, das geistige Prinzip, und richtet sich damit gegen das weiße Prinzip in ihr.

Doch noch ein drittes Mal kommt die Königin, und schließlich wird Schneewittchen durch einen Apfel »getötet«. Der Apfel ist ein uraltes Fruchtbarkeitssymbol. Bei den Babyloniern war der Apfel Ishtar geweiht, bei den Griechen Aphrodite, bei den Germanen der Göttin Idun (Iduna). Stets steht er in Beziehung zum Weiblichen. Idun schenkte den Asen die ewige Jugend in Gestalt goldener Äpfel. Ganz ähnlich verleihen die Äpfel der Hesperiden in der griechischen Mythologie ewiges Leben. Ebenso ist es bei den Kelten: Die »Apfelinsel« Avalon ist ein paradiesisches Land jenseits unserer Realität, das ewiges Leben verheißt. In der christlichen Mythologie wird der Apfelbaum zum Baum des Lebens (bzw. der Erkenntnis) im Paradies. So ist der Apfel stark mit den Symbolen der Weiblichkeit, der Erkenntnis und Entscheidung, der Fruchtbarkeit und langem Leben verbunden.

Der Apfel wird zu einem Synonym für Sinnlichkeit, Sexualität (und daher im Christentum Sünde) schlechthin: Schon in der Antike galt das Zuwerfen eines Apfels als Liebeszeichen. Mit dem giftigen Apfel nun wird auch der rote Aspekt Schneewittchens, die fruchtbarkeitsbringende Kraft zum Erliegen gebracht. Mit der Verheißung, nun ihre Regentschaft antreten zu können und der Erde Fruchtbarkeit zu bringen (Apfel), lockt die Stiefmutter Schneewittchen ins Verderben.

Schneewittchen wird in einen gläsernen Sarg eingeschlossen. Wie von Eis umgeben, eingefroren, liegt sie in Starre. Doch das Frühjahr naht und mit ihm der Jahreskönig. Das mythologische Bild des Jahreskönigs,

der zur Wintersonnwende (wie Christus) geboren wird, im Frühjahr seine Reife erlangt und der Bräutigam der Göttin wird, ist ein alter Mythos, der nicht nur bei den Kelten wiederzufinden ist. Wie das Symbol des Jägers den nahenden Winter zeigt, verweist das Auftauchen des Prinzen auf den nun kommenden Frühling. Der neue Jahreskönig trifft im Wald auf Schneewittchen, und bei dem Versuch, sie in sein Schloss, seine Regentschaft, zu bringen wie es in einer der Märchenversionen heißt, fällt der Sarg auf den Boden und das Apfelstück aus dem Halse Schneewittchens und die Erde erwacht zu neuem Leben.

So stellt sich das Märchen von Schneewittchen als ein Mythos des Erdenrhythmus, das scheinbare Sterben und die Wiedergeburt der Erde, dar. Der Versuch diesen Rhythmus zu verändern, ewiges Wachstum zu erzeugen, wie es vielleicht die Stiefmutter wollte, endet schließlich mit dem Tod der Königin. – Dies ist vielleicht auch ein Warnhinweis für uns Menschen: Nichts in der Natur wächst ewig, auch nicht Geld und Wirtschaft! Alles ist dem Zyklus unterworfen, das Alte geht, immer wieder kommt das Neue. Und dereinst wird auch Schneewittchen die Alte sein und ihren Platz für ihre Tochter räumen müssen.

Frau Holle

Eine Witwe hatte zwei Töchter, davon war die eine schön und fleißig, die andere hässlich und faul. Sie hatte aber die hässliche und faule viel lieber, und die andere musste alle Arbeit tun und war recht das Aschenputtel im Haus. Das arme Mädchen musste sich täglich auf die große Straße bei einem Brunnen setzen und musste so viel spinnen, dass ihm das Blut aus den Fingern sprang. Nun trug es sich zu, dass die Spule einmal ganz blutig war, da bückte es sich damit in den Brunnen und wollte sie abwaschen; sie sprang ihm aber aus der Hand und fiel hinab. Es weinte, lief zur Stiefmutter und erzählte ihr das Unglück. Sie schalt es aber so heftig und war so unbarmherzig, dass sie sprach: »Hast du die Spule hinunterfallen lassen, so hol sie auch wieder herauf.« Da ging das Mädchen zu dem Brunnen zurück und wusste nicht, was es anfangen sollte; und in seiner Herzensangst sprang es in den Brunnen hinein, um die Spule zu holen. Es verlor die Besinnung, und als es erwachte und wieder zu sich selber kam, war es auf einer schönen Wiese, da schien die Sonne und waren viel Tausend Blumen. Auf der Wiese ging es fort und kam zu einem Backofen, der war voller Brot; das Brot aber rief: »Ach! zieh mich 'raus, zieh mich 'raus, sonst verbrenn' ich, ich bin schon längst ausgebacken!« Da trat es fleißig herzu und holte alles heraus. Darnach ging es weiter und kam zu einem Baum, der hing voll Äpfel und rief ihm zu: »Ach! Schüttel mich! Schüttel mich! Wir Äpfel sind alle miteinander reif!« Da schüttelt' es den Baum, dass die Äpfel fielen, als regneten sie, solang bis keiner mehr oben war, darnach ging es wieder fort. Endlich kam es zu einem kleinen Haus, daraus guckte eine alte Frau, weil sie aber so große Zähne hatte, ward ihm angst, und es wollte fortlaufen. Die alte Frau aber rief ihm nach: »Fürchte dich nicht, liebes Kind, bleib bei mir, wenn du alle Arbeit im Haus ordentlich tun willst, so soll dir's gut gehn: Nur musst du recht darauf acht geben dass du mein Bett gut machst und es fleißig aufschüttelst, dass die Federn fliegen, dann schneit es in der Welt; ich bin die Frau Holle.« Weil die Alte so gut sprach, willigte das Mädchen ein und begab sich in ihren Dienst. Es besorgte auch alles nach ihrer Zufriedenheit und schüttelte ihr das Bett immer gewaltig auf, dafür hatte es auch ein gutes Leben bei ihr, kein böses Wort und alle Tage Gesottenes und Gebratenes. Nun war es eine Zeitlang bei der Frau Holle, da ward es traurig in seinem Herzen und ob es hier gleich viel tausendmal besser war als zu Haus, so hatte es doch ein Verlangen dahin; endlich sagte es zu ihr: »Ich habe den Jammer nach Haus kriegt, und wenn es mir auch noch so gut hier geht, so kann ich doch nicht länger bleiben.« Die Frau Holle sagte: »Du hast recht, und weil du mir so treu gedient hast, so will ich dich selbst wieder hinaufbringen.« Sie nahm es darauf bei der Hand und führte es vor ein großes Thor. Das ward aufgetan, und wie das Mädchen darunter stand, fiel ein gewaltiger Goldregen, und alles Gold blieb an ihm hängen, so dass es über und über davon bedeckt

war. »Das sollst du haben, weil du so fleißig gewesen bist«, sprach die Frau Holle. Darauf ward das Thor verschlossen, und es war oben auf der Welt. Da ging es heim zu seiner Mutter, und weil es so mit Gold bedeckt ankam, ward es gut aufgenommen.

Als die Mutter hörte, wie es zu dem Reichtum gekommen, wollte sie der andern schönen und faulen Tochter gern dasselbe Glück verschaffen, und sie musste sich auch in den Brunnen stürzen. Sie erwachte, wie die andere auf der schönen Wiese und ging auf demselben Pfad weiter. Als sie zu dem Backofen gelangte, schrie das Brod wieder: »Ach! Zieh mich 'raus, zieh mich 'raus, sonst verbrenn ich, ich bin schon längst ausgebacken!« Die Faule aber antwortete: »Da hätt' ich Lust, mich schmutzig zu machen!« und ging fort. Bald kam sie zu dem Apfelbaum, der rief: »Ach! Schüttel mich! Schüttel mich! Wir Äpfel sind alle miteinander reif!« Sie antwortete aber: »Du kommst mir recht, es könnt mir einer auf den Kopf fallen!« und ging damit weiter. Als sie vor der Frau Holle Haus kam, fürchtete sie sich nicht, weil sie von ihren großen Zähnen schon gehört hatte, und verdingte sich gleich zu ihr. Am ersten Tag tat sie sich Gewalt an und war fleißig und folgte der Frau Holle, wenn sie ihr etwas sagte, denn sie gedachte an das viele Gold, dass sie ihr schenken würde; am zweiten Tag aber fing sie schon an zu faulenzen, am dritten noch mehr, da wollte sie morgens gar nicht aufstehen, sie machte auch der Frau Holle das Bett schlecht und schüttelte es nicht recht, dass die Federn aufflogen. Das ward die Frau Holle bald müd und sagte der Faulen den Dienst auf. Die war es wohl zufrieden und meinte, nun werde der Goldregen kommen, die Frau Holle führte sie auch hin zu dem Tor, als sie aber darunter stand, ward statt des Golds ein großer Kessel voll Pech ausgeschüttet. »Das ist zur Belohnung deiner Dienste«, sagte die Frau Holle und schloss das Tor zu. Da kam die Faule heim, ganz mit Pech bedeckt, und das hat ihr Lebtag nicht wieder abgehen wollen.

Vom Rhythmus der Jahreszeiten

In »Frau Holle« begegnet uns die matrifokale Vorstellung einer Schicksals- und Erdgöttin am offensichtlichsten. Frau Holle ist dabei mit verschiedenen Göttinnengestalten verwandt, ja aus diesen hervorgegangen: Da ist zum einen die germanische Unterweltsgöttin *Hel*, Tochter des Loki und der Riesin Angrboda. Ihre Haut wird beschrieben als zur Hälfte normal und zur anderen Hälfte blau-schwarz. So ist sie halb tot und halb lebendig. Hel herrscht über ihr eigenes gleichnamiges Reich: das Totenreich Hel. Schon die Etymologie dieses Wortes ist interessant. So stammt Hel von »helen« ab, wie wir es in unserem Wort »verhehlen« noch nutzen, und bedeutet hier so viel wie »verbergen« oder »unsichtbar machen«. Hel ist also die verborgene, die unsichtbare Göttin. Auch ihr Reich ist den Blicken entzogen – im Jenseits. Etymologisch bildet Hel den unmittelbaren Wortstamm zum englischen »hell« ebenso wie zum deutschen »Hölle«. Die Unterweltsvorstellung der Germanen ging in die christliche Höllenvorstellung ein. Ins Totenreich der Göttin Hel kamen Menschen, die an Krankheit oder Altersschwäche gestorben waren, im Kampf gefallene Krieger dagegen kamen nach Walhall. Frau Holle hat von ihr nicht nur den Namen übernommen, sondern auch das Reich, das sie bewohnt. Frau Holle ist hier die unmittelbare Übersetzung der Hulda oder Hel.

Ein anders Beispiel ist *Urd*, eine der drei Nornen am Fuße des Weltenbaumes Yggdrasil. Urd (altnordisch Urðr »Schicksal«, verwandt mit dem germanischen »Wurd« oder »Wyrd« = Schicksal) hütet den nach ihr benannten Urdarbrunnen. Der Sitz des Brunnens am Weltenbaum bringt ihn in unmittelbare Beziehung zur Weltenachse (*axis mundi*). Sie verbindet die verschiedensten (Bewusst)-Seins-Reiche.

Nun, im Märchen »Frau Holle« muss die nicht-leibliche Tochter die gröbsten Arbeiten verrichten. *Das arme Mädchen musste sich täglich auf die große Straße bei einem Brunnen setzen und musste so viel spinnen, dass ihm das Blut aus den Fingern sprang. Nun trug es sich zu, dass die Spule einmal ganz blutig war, da bückte es sich damit in den Brunnen und wollte sie abwaschen; sie sprang ihm aber aus der*

Hand und fiel hinab. Hier (wie auch im später noch zu besprechenden Märchen »Dornröschen«) begegnet uns die Spindel als Symbol der Mitte und der Weltenachse, wir werden sie bei »Dornröschen« symbolisch näher beleuchten. Dass das Mädchen mit ihrer Spindel nun am Brunnen sitzt, macht offensichtlich, dass auch dieser eine solche Weltenachse ist, so wie der Urdarbrunnen am Fuße der Weltenesche steht. Deshalb war es im Mittelalter auch gebräuchlich, aus Brunnen zu weissagen. Trotz eines Verbotes dieser Brunnenwahrsagerei, die Papst Gregor III. 731 aussprach, blieb das Brauchtum noch lange erhalten. Brunnen bilden selbst eine *axis mundi* in das Reich der großen Göttin. Auch in »Frau Holle« stellt sich die Weltenachse in die Erdentiefe als ein Portal heraus. Auf der Löwenburg bei Bad Honnef gibt es einen Brunnen. Einst war es Brauch, seinen Kinderwunsch in den Brunnen und damit ins jenseitige Erdenreich der Großen Göttin, der Hel, hinabzurufen und so an die Seele eines Kindes zu gelangen. Der Brunnen stellt also das Portal einer Weltenachse dar, dass die Menschenwelt mit der Paradieswelt der Erde verbindet.

Das Mädchen fällt oder springt (je nach Märchenversion) in den Brunnen und kommt in ein unterirdisches Reich. Das Brot will aus dem Ofen geholt werden, der Apfelbaum geerntet. Beides erledigt das Mädchen. Sie verrichtet die Arbeit, die sie gewohnt ist.

Das Mädchen, das erst später im Märchen »Goldmarie« genannt wird, ist eine Vertreterin der hellen, lichten Jahreszeit. Im Sommer steht Arbeit an: Getreideernte, Backen, Apfelernte... Goldmarie erledigt dies, weil sie als »Sommerkind« gewohnt ist, dies zu erledigen.

Hierin spiegelt sich eine alte Vorstellung, die schon in »Schneewittchen« angeklungen ist: die »Jahresgöttin«. Wir haben dies zum Beispiel auch in der griechischen Mythologie in Kore und Persephone dargestellt: Wenn Kore als Persephone in der Unterwelt weilt, ist es auf Erden Winter, kehrt sie als Kore zurück, lebt auch die Erde wieder auf, es wird Sommer. Wenn nun die Gestalt des Sommers sich im Herbst verabschiedet, so die Vorstellung, dann geht sie in die Unterwelt. Und genau hier befindet sich nun Goldmarie. Das heißt, in der physischen Welt ist nun Winter. Wenn daher Goldmarie die Betten bei

Frau Holle schüttelt, so schneit es auf Erden. Obgleich das Mädchen der Weltenachse des Brunnens nach unten folgte, kann sie in diesem Jenseitsreich die Betten schütteln, so dass es auf Erden schneit. Es findet eine Art Umstülpung statt, die in Jenseitsvorstellungen nicht unüblich ist. So ist in ägyptischen Totenbüchern nachzulesen, die Toten würden »auf dem Kopf gehen«. Jenseits und Diesseits sind wie spiegelverkehrt, es findet eine Art mythologischer Raumumstülpung statt.

In ihrer Begegnung mit Frau Holle wird über das beschriebene Erscheinungsbild der Holle ihre Identität mit Urd noch einmal hervorgehoben: *Endlich kam es zu einem kleinen Haus, daraus guckte eine alte Frau, weil sie aber so große Zähne hatte, ward ihm Angst, und es wollte fortlaufen.* Wie die »Perchten« wird Frau Holle als »Wilde Alte« präsentiert, als ein Ausdruck der Urkraft der Erde.

Nach der fürstlichen Belohnung für ihre Arbeit mit Gold – dem Symbol des Sommers und der Sonne – gelangt Goldmarie zurück in die physische Welt. Nun, wenn die Sonne und die Wärme zurückkehren, ist es Zeit für die Yin-Seite des Jahres, die Oberfläche zu verlassen. Darum springt nun »Pechmarie« hinunter in die Unterwelt. Während aber ihre Schwester arbeitete, lässt sie alle Arbeit liegen. Was die Gebrüder Grimm als moralisches Gebot sahen, war in einer bäuerlichen Kultur gelebte Praxis. Im Winter gibt es dort nicht so viel zu tun, es ist kalt, und so liegt man lieber lange im warmen Bett.

Der Winter befindet sich nun in der Unterwelt. Gottseidank schüttelt Pechmarie nur zu Beginn ihres Aufenthalts in der Unterwelt ein wenig die Betten, so kann es gelegentlich geschehen, dass es in der materiellen Welt im Frühling noch schneit. Später lässt die Pechmarie es bleiben ...und das ist gut so für uns! Das Überschütten mit Pech zeigt deutlich, dass sie die dunkle, kalte Jahreszeit verkörpert.

So geht es in »Frau Holle« weniger um die Moral der Arbeit, als vielmehr um den Rhythmus der Erde und das einem der Jahreskräfte zugesprochene Bewusstsein. Gleichzeitig erscheint Frau Holle wie Urd als eine Schicksalsgöttin, die das Schicksal der Menschen durch ihre Gaben bestimmt. Der Wandel der Jahreszeiten wird also als makrokosmisches Abbild des Seelenweges wiedererkannt und in das mythologische Bild gefasst. Wie auf den Sommer der Winter und auf diesen der Sommer folgt, wandert auch die Seele ins jenseitige Reich der Göttin Hel und kehrt von dort wieder zurück, beschenkt mit seinem persönlichen Schicksal. Makrokosmischer Erdenrhythmus und mikrokosmischer Seelenrhythmus gleichen einander und werden in einer höheren Wahrheit, dem Mythos beschrieben.

ASTRONOMISCHE RHYTHMEN

Der Hase und der Igel

Diese Geschichte hört sich ziemlich lügenhaft an, Jungens, aber wahr ist sie doch, denn mein Großvater, von dem ich sie habe, pflegte immer, wenn er sie behaglich erzählte, dabei zu sagen: »Wahr muss sie doch sein, mein Sohn, anders könnte man sie auch gar nicht erzählen.« Und die Geschichte hat sich so zugetragen:

Es war an einem Sonntagmorgen zur Herbstzeit, gerade als der Buchweizen blühte: Die Sonne war hell am Himmel aufgegangen, der Morgenwind ging warm über die Stoppeln, die Lerchen sangen in der Luft, die Bienen summten im Buchweizen, die Leute gingen in ihrem Sonntagsstaat nach der Kirche, und alle Kreatur war vergnügt und der Swinegel auch.

Der Swinegel aber stand vor seiner Tür, hatte die Arme übereinander geschlagen, guckte dabei in den Morgenwind hinaus und summte ein kleines Liedchen vor sich hin, so gut und so schlecht, wie nun eben am lieben Sonntagmorgen ein Swinegel zu singen pflegt. Indem er nun so vor sich hinsang, fiel ihm auf einmal ein, er könnte doch, während seine Frau die Kinder wüsche und anzöge, ein bisschen ins Feld spazieren und nach seinen Steckrüben sehen. Die Steckrüben waren aber dicht bei seinem Haus, und er pflegte mit seiner Familie davon zu essen, darum sah er sie als die seinigen an. Gesagt, getan. Der Swinegel machte die Haustür hinter sich zu und schlug den Weg nach dem Felde ein. Er war noch nicht weit vom Hause weg und wollte just um den Schlehenbusch, der dort vor dem Felde steht, nach dem Steckrübenacker abbiegen, als ihm der Hase begegnete, der in ähnlichen Geschäften ausgegangen war, nämlich, um seinen Kohl zu besehen. Als der Swinegel den Hasen sah, bot er ihm einen freundlichen guten Morgen. Der Hase aber, der auf seine Weise ein vornehmer Herr war, und grausam und hochfahrend dabei, antwortete nicht auf des Swinegels Gruß, sondern sagte zum Swinegel, wobei er eine gewaltig höhnische Miene aufsetzte: »Wie kommt es denn, dass du schon so früh am Morgen im Felde herumläufst?« – »Ich geh spazieren«, sagte der Swinegel. »Spazieren?« lachte der Hase, »mich deucht, du könntest die Beine auch wohl zu besseren Dingen gebrauchen.« Diese Antwort verdross den Swinegel ungeheuer, denn alles konnte er ertragen, aber auf seine Beine ließ er nichts kommen, eben weil sie von Natur aus schief waren. »Du bildest dir wohl ein«, sagte nun der Swinegel zum Hasen, »dass du mit deinen Beinen mehr ausrichten kannst?« – »Das denke ich«, sagte der Hase. »Das käme auf einen Versuch an«, meinte der Swinegel, »ich wette, dass wenn wir einen Wettlauf machen, ich an dir vorbeilaufe.« – »Das ist zum Lachen, du mit deinen schiefen Beinen«, sagte der Hase, »aber meinetwegen mag es sein, wenn du so große Lust darauf hast. Was gilt die Wette?« – »Einen goldenen Louisdor und eine Buddel Branntwein«, sagte der Swinegel. »Angenommen«, sprach der Hase, »schlag ein, und dann kann es gleich losgehen.« – »Nein, so große Eile hat es nicht«, meinte der Swinegel, »ich bin noch ganz nüchtern; erst will ich nach Hause gehen und ein bisschen frühstücken. In einer halben Stunde bin ich wieder hier auf dem Platz.«

Damit ging der Swinegel, denn der Hase war es zufrieden. Unterwegs dachte der Swinegel bei sich: Der Hase verlässt sich auf seine langen Beine, aber ich will ihn schon kriegen. Er ist zwar ein vornehmer Herr, aber doch nur ein dummer Kerl, und bezahlen soll er doch. Als nun der Swinegel zu Hause ankam, sprach er zu seiner Frau: »Frau, zieh dich schnell an, du musst mit mir aufs Feld hinaus.« – »Was gibt es denn?« sagte seine Frau. »Ich habe mit dem Hasen gewettet um einen goldenen Louisdor und eine Buddel Branntwein; ich will mit ihm um die Wette laufen, und du sollst mit dabei sein.« – »O mein Gott, Mann«, fing nun dem Swinegel seine Frau an zu jammern, »bist du nicht recht gescheit? Hast du denn ganz den Verstand verloren? Wie kannst du mit dem Hasen um die Wette laufen wollen?« – »Halt's Maul, Weib«, sagte der Swinegel, »das ist meine Sache. Misch dich nicht in Männergeschäfte! Marsch, zieh dich an und komm mit!« Was sollte Swinegels Frau machen? Sie musste wohl folgen, sie mochte nun wollen oder nicht.

Wie sie nun miteinander unterwegs waren, sprach der Swinegel zu seiner Frau: »Nun pass auf, was ich dir sagen will. Siehst du, auf dem langen Acker dort wollen wir unseren Wettlauf machen. Der Hase läuft nämlich in der einen Furche und ich in der andern, und von oben fangen wir an zu laufen. Nun hast du weiter nichts zu tun, als dich hier unten in die Furche zu stellen, und wenn der Hase auf der andern Seite ankommt, so rufst du ihm entgegen: ›Ich bin schon hier!‹«

Damit waren sie beim Acker angelangt. Der Swinegel wies seiner Frau den Platz an und ging nun den Acker hinauf. Als er oben ankam, war der Hase schon da. »Kann es losgehen?« sagte der Hase. »Jawohl«, sagte der Swinegel. »Dann also los!« Und damit stellte sich jeder in seine Furche. Der Hase zählte: »Eins, zwei, drei!« und los ging es wie ein Sturmwind den Acker hinunter. Der Swinegel aber lief nur ungefähr drei Schritte, dann duckte er sich in die Furche und blieb ruhig sitzen.

Als nun der Hase in vollem Lauf unten am Acker ankam, rief ihm dem Swinegel seine Frau entgegen: »Ich bin schon hier!« Der Hase stutzte und verwunderte sich nicht wenig: Er meinte nicht anders, als wäre es der Swinegel selbst, der ihm zurief, denn bekanntlich sieht dem Swinegel seine Frau just so aus wie ihr Mann. Der Hase aber meinte: »Das geht nicht mit rechten Dingen zu.« Er rief: »Nochmal gelaufen, wieder rum!« Und fort ging er wieder wie ein Sturmwind, dass ihm die Ohren um den Kopf flogen. Dem Swinegel seine Frau aber blieb ruhig auf ihrem Platz stehen. Als nun der Hase oben ankam, rief ihm der Swinegel entgegen: »Ich bin schon hier!« Der Hase aber, ganz außer sich vor Ärger, schrie: »Noch einmal gelaufen, wieder rum!« – »Mir macht das nichts«, antwortete der Swinegel, »meinetwegen, sooft du Lust hast.« So lief der Hase noch dreiundsiebzigmal, und der Swinegel hielt es immer mit ihm aus. Jedes Mal, wenn der Hase unten oder oben ankam, sagte der Swinegel oder seine Frau: »Ich bin schon hier.«

Beim vierundsiebzigsten Male aber kam der Hase nicht mehr bis ans Ende. Mitten auf dem Acker stürzte er zur Erde, das Blut schoss ihm aus dem Halse und er blieb tot auf dem Platze. Der Swinegel aber nahm seinen gewonnenen Louisdor und die Buddel Branntwein, rief seine Frau aus der Furche ab, und beide gingen vergnügt miteinander nach Hause: Und wenn sie nicht gestorben sind, leben sie heute noch.

So begab es sich, dass auf der Buxtehuder Heide der Swinegel den Hasen totlief, und seit jener Zeit hat es sich kein Hase wieder einfallen lassen, mit dem Buxtehuder Swinegel um die Wette zu laufen.

Die Lehre aber aus dieser Geschichte ist erstens, dass keiner, und wenn er sich auch noch so vornehm dünkt, sich über einen geringen Mann lustig mache, und wenn es auch nur ein Swinegel wäre. Und zweitens, dass es geraten ist, wenn einer freit, dass er sich eine Frau aus seinem Stande nimmt, die geradeso aussieht wie er selber. Wer also ein Swinegel ist, der muss zusehen, dass seine Frau auch ein Swinegel ist, und so weiter.

Der Tanz von Sonne und Mond

»Hase und Igel« kommt eigentlich ganz harmlos daher. Da scheint es um Überheblichkeit und Schlauheit zu gehen und darum, dass der Kopf über Muskeln siegt... oder?

Bedenken wir bitte, dass Volksmärchen in erster Linie Mythen sind und nahezu jedes in der Geschichte auftretende Symbol von Bedeutung ist. Sehen wir uns also zunächst die beiden Kontrahenten an:

Der Hase

Der Hase steht in enger Beziehung zur Fruchtbarkeit. Nicht umsonst gab der männliche Hase – der Rammler – seinen guten Namen für den sexuellen Akt. Auch in unserem Osterfest ist der Hase eng mit dem rituellen Frühjahrsbeginn verbunden, wobei Ostern wiederum ein *Mond*fest ist. Ursprünglich wurde es am ersten Vollmond nach der Frühjahrstagundnachtgleiche gefeiert. Um sich vom heidnischen Fest zu distanzieren, verschob die katholische Kirche das Fest auf den ersten Sonntag, nach dem Frühlingsvollmond. Dennoch bleibt Ostern ein mondbezogenes Fest, weshalb es sich im Sonnenjahr immer wieder verschiebt. Nun ist auch der Hase sehr eng mit dem Mond verbunden, denn im Mond wird als sogenannte »Pareidolie« ein Hase erkennbar. In einer chinesischen Legende opferte sich ein Hase für einen Hungernden und sprang ins Feuer, als Dank wurde er dafür auf den Mond versetzt. Auch in den Legenden der Azteken wird diese Beziehung gesehen, und in einer sehr ähnlichen Legende versetzt Quetzalcoatl den Hasen auf den Mond. Die Beziehung von Hase und Mond werden wir gleich noch genauer betrachten.

Der Igel

Im Märchen tritt der Igel als ein »Patriarch« auf. Es ist Sonntag, und während die Frau die Kinder wäscht, geht er spazieren. Schon hierin erkennen wir den maskulinen Bezug und den Bezug zur Sonne. In der Tat tritt uns der Igel mit seinen aufgerichteten Stacheln häufiger als Symbol der Sonne entgegen. Im Christentum kann er gar zu einem Symbol des ebenfalls solaren Heros Christus werden.

Der Wettlauf

Hase und Igel führen nun im Märchen eine Art »Tanz« auf, der – so die Interpretation stimmt – auch in der Beziehung von Sonne und Mond auftreten müsste: Der Hase ist der schnellere, er rennt so schnell, dass der Igel mit seinen kurzen Beinen eigentlich keine Chance haben kann. Ebenso bewegt sich der Mond, geozentrisch betrachtet, ungleich schneller als die Sonne. In rund 27 Tagen läuft der

Mond einmal durch den Tierkreis, wofür die Sonne ein ganzes Jahr braucht. Dennoch ist der Igel immer »schon da«, wenn der Hase ankommt: Wenn Sonne und Mond an der gleichen Stelle am Himmel stehen – am Start sozusagen – ist der Mond natürlich nicht zu sehen. Es ist Schwarzmond, und die Sonne überstrahlt ihn. Nun rennt der Mond-Hase mit großen Sprüngen voraus und scheint die Sonne in seinem Lauf schnell abzuhängen. Doch wenn der Mond wieder an seinem Ausgangspunkt am Himmel angekommen ist, ist die Sonne auch schon weitergewandert. Er muss ein Stück weiterlaufen, um auf den Sonnen-Igel zu treffen, denn dieser ist »schon da«. Der nächste Schwarzmond findet ein Zeichen weiter statt.

So geht das Rennen weiter, und der Mond-Hase rennt und rennt, doch stets scheint die Sonne schneller zu sein und ist bereits ein Zeichen weiter. *So lief der Hase dreiundsiebzigmal, und der Igel hielt immer mit. Und jedes Mal, wenn der Hase oben oder unten am Ziel ankam, sagten der Igel oder seine Frau: »Ich bin schon da.« Beim vierundsiebzigsten Male aber kam der Hase nicht mehr ans Ziel. Mitten auf dem Acker fiel er zu Boden....*

Auch die Zahl 74 ist bedeutsam. 74 Tage bzw. Nächte entsprechen zweieinhalb Mondzyklen. Wenn der Hase in seiner vollen Kraft startet, also bei Vollmond, so ist er nach 74 Tagen nicht mehr zu sehen, denn es ist Schwarzmond.

Auch wäre es möglich, dass das Märchen auf ein noch viel größeres astronomisches Ereignis hinweisen möchte. Startet der Hase nämlich bei Schwarzmond, also zeitgleich mit der Igel-Sonne am gleichen Punkt am Himmel, dann wäre nach 74 Tagen Vollmond. Der Mond steht der Sonne gegenüber, und bisweilen gerät er dadurch in den Schatten der Erde. In diesem Falle würde der Mond durch die auftretende Mondfinsternis verschwinden und »sterben«. Der Hase bricht tot in der Erde, der Ackerfurche, zusammen und verschwindet in ihrem Schatten.

Auch im Heiligenkalender des Jahreslaufs können wir im übrigen solche zweieinhalb Mondphasen-Zyklen wiederentdecken. Zum Beispiel ist am 23. September (Herbst-Tagundnachtgleiche) der Tag der Heiligen Elisabeth (der Mutter Johannes des Täufers). Sie wird als mit Johannes schwanger dargestellt. Ihr Bauch ist rund (Vollmond). Zweieinhalb Zyklen später, am 4.12. ist Barbara-Tag. Ihr Attribut ist unter anderen der leere Kelch (Schwarzmond).

Hase und Igel zeigen so den Zyklus von Sonne und Mond in ihrem ewigen Tanz um die Erde.

Rotkäppchen (Rothkäppchen)

Es war einmal eine kleine süße Dirn, die hatte jedermann lieb, der sie nur ansah, am allerliebsten aber ihre Großmutter, die wusste gar nicht, was sie alles dem Kind geben sollte. Einmal schenkte sie ihm ein Käppchen von rotem Sammet, und weil ihm das so wohl stand und es nichts anders mehr tragen wollte, hieß es nur das Rotkäppchen; da sagte einmal seine Mutter zu ihm: »Komm, Rotkäppchen, da hast du ein Stück Kuchen und ein Bouteille mit Wein, die bring der Großmutter hinaus, sie ist krank und schwach, da wird sie sich daran laben; sei hübsch artig, und wenn du in ihre Stube kommst, so vergiss nicht guten Morgen zu sagen! Geh auch ordentlich und lauf nicht vom Weg ab, sonst fällst du und zerbrichst das Glas, dann hat die kranke Großmutter nichts.«

Rotkäppchen versprach der Mutter recht gehorsam zu sein. Die Großmutter aber wohnte draußen im Wald, eine halbe Stunde vom Dorf. Wie nun Rotkäppchen in den Wald kam, begegnete ihm der Wolf, Rotkäppchen aber wusste nicht, was das für ein böses Tier war, und fürchtete sich nicht vor ihm. »Guten Tag, Rotkäppchen.« – »Schönen Dank, Wolf!« – »Wo willst du so früh hinaus, Rotkäppchen?« – »Zur Großmutter.« – »Was trägst du unter der Schürze?« – »Die Großmutter ist krank und schwach, da bring ich ihr Kuchen und Wein, gestern haben wir gebacken, da soll sie sich stärken.« – »Rotkäppchen, wo wohnt deine Großmutter?« – »Noch eine gute Viertelstunde im Wald, unter den drei großen Eichbäumen, da steht ihr Haus, unten sind die Nusshecken, das wirst du ja wissen«, sagte Rotkäppchen. Der Wolf gedacht bei sich, das ist ein guter fetter Bissen für mich, wie fängst du's an, dass du den kriegst. »Hör Rotkäppchen», sagte er, »hast du die schönen Blumen nicht gesehen, die im Walde stehen, warum guckst du nicht einmal um dich, ich glaube, du hörst gar nicht darauf, wie die Vöglein lieblich singen, du gehst ja für dich hin, als wenn du im Dorf in die Schule gingst, und ist so lustig hausen in dem Wald.«

Rotkäppchen schlug die Augen auf und sah, wie die Sonne durch die Bäume gebrochen war und alles voll schöner Blumen stand; da gedacht es: Ei! Wenn ich der Großmutter einen Strauß mitbringe, der wird ihr auch lieb sein, es ist noch früh, ich komm doch zu rechter Zeit an, und sprang in den Wald und suchte Blumen. Und wenn es eine gebrochen hatte, meint es, dort stünd noch eine schönere und lief darnach und immer weiter in den Wald hinein. Der Wolf aber ging geradeswegs nach dem Haus der Großmutter und klopfte an die Tür. »Wer ist draußen?« – »Das Rotkäppchen, ich bring dir Kuchen und Wein, mach mir auf.« – »Drück nur auf die Klinke«, rief die Großmutter, »ich bin zu schwach und kann nicht aufstehen.« Der Wolf drückte an der Klinke, und die Türe sprang auf. Da ging er hinein, geradezu an das Bett der Großmutter und verschluckte sie. Dann nahm er ihre Kleider, tat sie an, setzte sich ihre Haube auf, legte sich in ihr Bett und zog die Vorhänge vor.

Rotkäppchen aber war herumgelaufen nach Blumen, und erst, als es so viel hatte, dass es keine mehr tragen konnte, machte es sich auf den Weg zu der Großmutter. Wie es ankam, stand die Türe auf, darüber verwunderte es sich, und wie es in die Stube kam, sah's so seltsam darin aus, dass es dacht: Ei! Du mein Gott! Wie ängstlich wird mir's heut zu Muth, und bin sonst so gern bei der Großmutter. Drauf ging es zum Bett und zog die Vorhänge zurück, da lag die Großmutter und hatte die Haube tief ins Gesicht gesetzt und sah wunderlich aus. »Ei Großmutter, was hast du für große Ohren!« – »Dass ich dich besser hören kann.« – »Ei Großmutter, was hast du für große Augen!« – »Dass ich dich besser sehen kann.« – »Ei Großmutter, was hast du für große Hände!« – »Dass ich dich besser packen kann.« – »Aber Großmutter, was hast du für ein entsetzlich großes Maul!« – »Dass ich dich besser fressen kann.« Damit sprang der Wolf aus dem Bett, sprang auf das arme Rotkäppchen und verschlang es.

Wie der Wolf den fetten Bissen erlangt hatte, legte er sich wieder ins Bett, schlief ein und fing an, überlaut zu schnarchen. Der Jäger ging eben vorbei und gedacht, wie kann die alte Frau so schnarchen, du musst einmal nachsehen. Da trat er hinein, und wie er vors Bett kam, da lag der Wolf, den er lange gesucht, der hat gewiss die Großmutter gefressen. Vielleicht ist sie noch zu retten, ich will nicht schießen, dachte der Jäger. Da nahm er die Schere und schnitt ihm den Bauch auf, und wie er ein paar Schnitte getan, da sah er das rote Käppchen leuchten, und wie er noch ein wenig geschnitten, da sprang das Mädchen heraus und rief: »Ach, wie war ich erschrocken, was war's so dunkel in dem Wolf seinem Leib.« Und dann kam die Großmutter auch lebendig heraus. Rotkäppchen aber holte große schwere Steine, damit füllten sie dem Wolf den Leib, und wie er aufwachte, wollte er fortspringen, aber die Steine waren so schwer, dass er sich tot fiel.

Da waren alle drei vergnügt, der Jäger nahm den Pelz vom Wolf, die Großmutter aß den Kuchen und trank den Wein, den Rotkäppchen gebracht hatte, und Rotkäppchen gedachte bei sich: Du willst dein Lebtag nicht wieder allein vom Weg ab in den Wald laufen, wenn dir's die Mutter verboten hat.

Rotkäppchen – zentrales Ereignis der Erneuerung

»Rotkäppchen und der böse Wolf« gehört mit zu den bekanntesten Volksmärchen überhaupt und existiert – vor allem in Österreich und Ungarn (»Piroschka«) – in unzähligen Fassungen. Meist wird es als ein Symbol des Gewaltaktes an dem heranwachsenden Mädchen verstanden. Meines Erachtens gehört Rotkäppchen zu den klassischen astronomischen Mythen.

Der starke Zusammenhang des Wolfes mit dem Mond begegnet uns in vielen Zusammenhängen: das Anheulen des Mondes durch den

Wolf, die Verwandlung des Menschen in einen Werwolf zu Vollmond und natürlich auch die germanischen Mythen, der Wolf Hati, der den Mond verschlingt, und der Wolf Skalli, der die Sonne verschlingen will. Auch im Märchen »Der Wolf und die sieben Geißlein«, das wir gleich noch besprechen werden, ist der Wolf ein Symbol des Mondes, der das Siebengestirn »verschlingt«. Die lunare Symbolik des Wolfes ist daher offensichtlich.

Wer ist dann aber »Rotkäppchen«?

Zunächst begegnet uns Rotkäppchen ja in einer weiblichen Dreiheit: Die Mutter, die Rotkäppchen ausschickt, und die Großmutter, zu der Rotkäppchen gelangen möchte. Die Junge (Rotkäppchen), die Mutter und die Alte (Großmutter) – ein klassisches Dreigespann, das eine Brücke schlägt zu den drei Göttinnen. Die drei Göttinnen wurden stets auch mit Sonne, Erde und Mond in Verbindung gebracht. Die Junge, Strahlende, Schöne, ist dabei ein Symbol der Sonne. Mit seiner roten Kappe, die praktisch in allen Märchenfassungen fester Bestandteil ist (im Ungarischen »Piroschka«, von ungarisch piros = rot) gleicht Rotkäppchen dem Rot der auf- bzw. untergehenden Sonne. Da die Mutter Rotkäppchen ermahnt »Und wenn du in ihre Stube kommst, so vergiss nicht guten Morgen zu sagen!«, können wir davon ausgehen, dass es die aufgehende Sonne ist. Der Anfang des Tages stand stets ebenso wie der Jahresanfang in Beziehung zur Jungen Göttin. Rotkäppchen trägt Wein und Kuchen mit sich – Ähren und Trauben waren ein Attribut alter Göttinnendarstellungen. Auch das Sternbild Jungfrau, das zur Herbst-Tag-und-Nacht-Gleiche sein astrologisches Ende findet, wurde früher stets mit Trauben und Ähren dargestellt. Für die Griechen stellte es Demeter dar, die mit Kore und Persephone das Dreigespann wiedergab. Es ist übrigens das einzige weibliche Bild der 12 Tierkreiszeichen! Astronomisch ist Jungfrau im Frühling erkennbar. Da die Sterne nur schwach leuchten, ist meist nur der hellste Stern – Spica – erkennbar. Als Getreideähre bildhaft dargestellt, symbolisiert Spica den Frühling und damit die Junge Göttin.

Das »Haus der Großmutter«

Wir haben es also offensichtlich einerseits mit einer alten dreigestaltigen Göttinnensymbolik zu tun, andererseits mit einem astronomischen Ereignis zwischen Sonne und Mond. Wie im astronomischen Verlauf ist der Mond schneller als die Sonne, wie wir schon bei »Hase und Igel gesehen hatten: Der Wolf läuft voraus und ist lange vor Rotkäppchen beim »Haus der Großmutter«. Wenn die »Mutter« als Göttinnenaspekt für die Erde steht und Rotkäppchen für die Sonne, so steht die Großmutter mit dem Mond in Beziehung – ebenso wie der Wolf. Der Wolf verschlingt die Großmutter zuerst und damit sich selbst. Astronomisch haben wir daher Schwarzmond: Der Mond hat »sich selbst verschlungen«. Zudem befindet sich der Wolf nun im Haus der Großmutter. Hier werden sich Wolf und Rotkäppchen – Mond und Sonne – treffen. Astronomisch tritt uns dieses Ereignis im Mondknoten entgegen. Die beiden Mondknoten (nördlicher und südlicher) – auch »Drachenkopf« und »Drachenschwanz« genannt – sind die Kreuzungspunkte der (scheinbaren) Sonnenbahn und der Mondbahn. Das »Haus der Großmutter«, in dem sich Wolf und Rotkäppchen treffen, stellt daher den Mondknoten dar.

Das Ereignis

Der Wolf hat die Großmutter verschlungen, es ist Schwarzmond, darum ist der Mond unsichtbar und als Wolf für Rotkäppchen nicht zu erkennen. Er liegt als Großmutter getarnt im Bett. Wenn nun die Sonne (Rotkäppchen) ebenfalls das Haus der Großmutter (und damit den Mondknoten) betritt, begegnet der Schwarzmond der Sonne...und verschlingt sie. Wir kennen dieses Ereignis als *Sonnenfinsternis.*

Eine Sonnenfinsternis findet immer an den Mondknoten und bei Schwarzmond statt. Naturgegebenermaßen stellt bis heute eine Sonnenfinsternis ein emotional bewegendes Ereignis dar. Mythologisch (bei den Germanen) verschlingt der Wolf Skalli die Sonnengöttin. Doch die mythologische Tiefe wird erst verständlich, wenn wir uns noch einmal die Dreiheit der Göttin vergegenwärtigen: Die Mutter ist die Rote Göttin, die Göttin der Fruchtbarkeit und der Erde; die Großmutter ist die Schwarze Göttin, die Wandlungsgöttin und Göttin der Transformation. Ihr wird auch der sich wandelnde Mond zugeordnet und Schwarzmond, der unsichtbare Mond, besitzt die größte Wandlungskraft! Rotkäppchen ist die Sonne und die junge Göttin. Die Weiße Göttin ist zugleich die kosmische Kraft, der geistige Impuls. Bei einer Sonnenfinsternis stehen alle drei Kräfte in einer Linie, sie bilden eine Konjunktion! Weiße, Rote und Schwarze Göttin wirken zusammen. Nun wird der Bewusstseinsaspekt, der kosmische Aspekt »verschlungen«, gewandelt… und neu geboren!

Die Wiedergeburt

Wir erinnern uns: Rotkäppchen bleibt nicht für immer verschlungen. Sie wird aus dem Bauch des Wolfes wieder hervorgeholt: *Wie er ein paar Schnitte getan hatte, da sah er das rote Käppchen leuchten, und noch ein paar Schnitte, da sprang das Mädchen heraus und rief: »Ach, wie war ich erschrocken, wie war's so dunkel in dem Wolf seinem Leib!«* Das geistig-kosmische Prinzip wurde gewandelt. Daher stellt eine Sonnenfinsternis ein zentrales geistiges Ereignis dar, das, mythologisch gesehen, geistige Kräfte erneuert und transformiert.

Im Jahr 2015 hatten wir zwei Sonnenfinsternisse, die nahe an den Äquinoktien (Tagundnachtgleichen) lagen. Wir konnten leibhaftig miterleben, wie der Wolf das Rotkäppchen verschlang und dadurch die geistigen Kräfte wandelte: zwei Mal!

Der Wolf und die sieben jungen Geißlein

Eine Geis hatte sieben Junge, die sie gar lieb hatte und sorgfältig vor dem Wolf hütete. Eines Tags, als sie ausgehen musste, Futter zu holen, rief sie alle zusammen und sagte: »Liebe Kinder, ich muss ausgehen und Futter holen, wahrt euch vor dem Wolf und lasst ihn nicht herein, gebt auch acht, denn er verstellt sich oft, aber an seiner rauhen Stimme und an seinen schwarzen Pfoten könnt ihr ihn erkennen; hütet euch, wenn er erst einmal im Haus ist, so frisst er euch alle miteinander.« Darauf ging sie fort, bald aber kam der Wolf vor die Haustüre und rief: »Liebe Kinder, macht mir auf, ich bin eure Mutter

und hab' euch schöne Sachen mitgebracht.« Die sieben Geißlein aber sprachen: »Unsere Mutter bist du nicht, die hat eine feine liebliche Stimme, deine Stimme aber ist rauh, du bist der Wolf, wir machen dir nicht auf.« Der Wolf ging fort zu einem Krämer und kaufte sich ein großes Stück Kreide, die aß er und machte seine Stimme fein damit. Darnach ging er wieder zu der sieben Geißlein Haustüre und rief mit feiner Stimme: »Liebe Kinder, lasst mich ein, ich bin eure Mutter, jedes von euch soll etwas haben.« Er hatte aber seine Pfote in das Fenster gelegt, das sahen die sieben Geißlein und sprachen: »Unsere Mutter bist du nicht, die hat keinen schwarzen Fuß, wie du; du bist der Wolf, wie machen dir nicht auf.« Der Wolf ging fort zu einem Bäcker und sprach: »Bäcker, bestreich mir meine Pfote mit frischem Teig«, und als das getan war, ging er zum Müller und sprach: »Müller, streu mir sein weißes Mehl auf meine Pfote.« Der Müller sagte nein. – »Wenn du es nicht tust, so fresse ich dich.« Da musste es der Müller tun.

Darauf ging der Wolf wieder vor der sieben Geißlein Haustüre und sagte: »Liebe Kinder, lasst mich ein, ich bin eure Mutter, jedes von euch soll etwas geschenkt kriegen.« Die sieben Geißlein wollten erst die Pfote sehen, und wie sie sahen, dass sie schneeweiß war und den Wolf so fein sprechen hörten, glaubten sie es wäre ihre Mutter und machten die Türe auf, und der Wolf kam herein. Wie sie ihn aber erkannten, versteckten sie sich geschwind, so gut es ging, das eine unter den Tisch, das zweite ins Bett, das dritte in den Ofen, das vierte in die Küche, das fünfte in den Schrank, das sechste unter eine große Schüssel, das siebente in die Wanduhr. Aber der Wolf fand sie alle und verschluckte sie, nur das jüngste in der Wanduhr, das blieb am Leben.

Wie der Wolf seine Lust gebüßt, ging er fort. Bald darauf kam die alte Geis nach Haus. Was für ein Jammer! Der Wolf war dagewesen und hatte ihre lieben Kinder gefressen. Sie glaubte, sie wären alle tot, da sprang das jüngste aus der Wanduhr und erzählte, wie das Unglück gekommen war.

Der Wolf aber, weil er sich vollgefressen, war auf eine grüne Wiese gegangen, hatte sich in den Sonnenschein gelegt und war in einen tiefen Schlaf gefallen. Die alte Geis dachte, daran, ob sie ihre Kinder nicht noch erretten könnte, sagte darum zu dem jüngsten Geißlein: »Nimm Zwirn, Nadel und Schere und folg' mir nach.« Darauf ging sie hinaus und fand den Wolf schnarchend auf der Wiese liegen: »Da liegt der garstige Wolf«, sagte sie und betrachtete ihn von allen Seiten, »nachdem er zum Vieruhrenbrot meine sechs Kindlein hinuntergefressen hat. Gib mir einmal die Schere her: Ach! Wenn sie noch lebendig in seinem Leibe wären!« Damit schnitt sie ihm den Bauch auf, und die sechs Geißlein, die er in der Gier ganz verschluckt hatte, sprangen unversehrt heraus. Sie hieß sie gleich hingehen und große und schwere Wackersteine herbeitragen, damit füllten sie dem Wolf den Leib, nähten ihn wieder zu, liefen fort und versteckten sich hinter eine Hecke.

Als der Wolf ausgeschlafen hatte, so fühlt' er es so schwer im Leib und sprach: »Es rumpelt und pumpelt mir im Leib herum! Es rumpelt und pumpelt mir im Leib herum! Was ist das? Ich hab' nur sechs Geißlein gegessen.« Er dacht, er wollt einen frischen Trunk tun, das mögt' ihm helfen, und suchte einen Brunnen, aber wie er sich darüber bückte, konnte er vor der Schwere der Steine sich nicht mehr halten und stürzte ins Wasser. Wie das die sieben Geißlein sahen, kamen sie herzugelaufen und tanzten vor Freude um den Brunnen.

Tod und Wiedergeburt als kosmologisches Ereignis

Im Märchen »Der Wolf und die sieben Geißlein« begegnet uns erneut eine astronomische Rhythmenlehre von tiefer seelisch-symbolischer Bedeutung in Gestalt der Tierfiguren.

Den Wolf mit seiner starken Mondsymbolik haben wir bereits beim Märchen »Rotkäppchen« kennengelernt. Bei den Geißlein ist es vor allem ihre Siebenzahl, die ins Auge springt. Im Spanischen wird die

Sternengruppe der Plejaden als »Cabrillas«, als »Zicklein« bezeichnet. Sie sind auch als die sieben Schwestern oder das Siebengestirn bekannt. Insbesondere in der Zeit der Sesshaftwerdung – etwa 4000 - 1500 v. Chr., als die Sonne mit ihrem Frühlingspunkt im Zeichen des Stiers stand – ist eine starke Verkultung der Plejaden zu bemerken. Die Plejaden stellen sozusagen die »Schultersterne« des Sternbildes Stier dar, und ihr Aufgang am Morgen am östlichen Horizont kurz bevor sie von der Sonne überstrahlt wurden (heliakischer Aufgang), verkündete den Frühling in dieser Zeit. In Sumer galten sie als die »Siebengottheit der großen Götter«. Für die Beduinen signalisierte der Aufgang des Siebengestirns einige Tausend Jahre später den Sommer und ihr Verschwinden den Winter. Und auch das jüdische Laubhüttenfest war einstmals eng mit den Plejaden verbunden. In der Bibel werden die Plejaden als Taube symbolisiert, die als Frühlingsgestirn die Wiedererweckung der Natur ankündigt. Die Plejaden galten neben den Hyaden als eines der beiden »Goldenen Tore der Ekliptik« (scheinbare Sonnenbahn), durch das jeder Planet im Laufe der Zeit wandert. Es kam einer Wiedergeburt oder Transformation gleich.

Das Auf- und Untergehen der Plejaden und insbesondere ihr Verschwinden standen also stets in einem starken kultischen Bezug. Wenn nun der »Wolf« die »Geißlein« verschlang, dann kündigte dies mythologisch-symbolisch von einer sehr schwierigen Zeit, denn das Transformationstor selbst wurde sozusagen transformiert. Es symbolisierte »das Verschwinden des Alten« und eine »Neugeburt des Neuen«, wenn die Geißlein wieder aus dem Bauch des Wolfes unversehrt hervorgeholt werden.

Alle 18,6 Jahre werden nun die Plejaden (Geißlein) vom Mond (Wolf) bedeckt. Die nächste zeitweilige Abdeckung wird für das Jahr 2024 vorherberechnet. In drei Annäherungen schiebt der Mond seine Bahn jedes Mal näher über die Plejaden: Der Wolf »frisst« ein Geißlein nach dem anderen. Dennoch bleibt bei genauer Betrachtung auch bei einer »vollständigen« Abdeckung stets ein einzelner Stern der Gruppe unbedeckt: Ein Geißlein entkommt dem Wolf.

So erkennen wir im Märchen »Der Wolf und die sieben Geißlein« den Mythos von Tod und Wiedergeburt als kosmisch-astronomisches

Ereignis, das stets auch mit starken kulturellen Veränderungen in Zusammenhang gesehen wird. Seien wir also auf das Jahr 2024 gespannt, denn neben der mythologischen »Transformation des Transformationstores«, der Abdeckung der Plejaden durch den Mond, findet in diesem Jahr auch eine totale Sonnenfinsternis (Rotkäppchen) in Amerika (8.April) statt, und Pluto wird nach vielen Jahren astrologisch den Steinbock verlassen.

DER ZYKLUS DER GÖTTIN

Rapunzel

Es war einmal ein Mann und eine Frau, die hatten sich schon lange ein Kind gewünscht und nie eins bekommen, endlich aber ward die Frau guter Hoffnung. Diese Leute hatten in ihrem Hinterhaus ein kleines Fenster, daraus konnten sie in den Garten einer Fee [in einer späteren Version die Zauberin Frau Gothel] sehen, der voll von Blumen und Kräutern stand, allerlei Art, keiner aber durfte es wagen, in den Garten hineinzugehen. Eines Tages stand die Frau an diesem Fenster und sah hinab, da erblickte sie wunderschöne Rapunzeln auf einem Beet und wurde so lüstern darnach und wusste doch, dass sie keine davon bekommen konnte, dass sie ganz abfiel und elend wurde. Ihr Mann erschrak endlich und fragte nach der Ursache: »Ach wenn ich keine von den Rapunzeln aus dem Garten hinter unserm Haus zu essen kriege, so muss ich sterben.« Der Mann, welcher sie gar lieb hatte, dachte, es mag kosten, was es will, so willst du ihr doch welche schaffen, stieg eines Abends über die hohe Mauer und stach in aller Eile eine Handvoll Rapunzeln aus, die er seiner Frau brachte. Die Frau machte sich sogleich Salat daraus und aß ihn in vollem Heißhunger auf. Sie hatten ihr aber so gut, so gut geschmeckt, dass sie den andern Tag noch dreimal so viel Lust bekam. Der Mann sah wohl, dass keine Ruh wäre, also stieg er noch einmal in den Garten, allein er erschrak gewaltig, als die Fee darin stand und ihn heftig schalt, dass er es wage, in ihren Garten zu kommen und daraus zu stehlen. Er entschuldigte sich, so gut er konnte, mit der Schwangerschaft seiner Frau, und wie gefährlich es sei, ihr dann etwas abzuschlagen, endlich sprach die Fee: »Ich will mich zufriedengeben und dir selbst gestatten, Rapunzeln mitzunehmen, so viel du willst, wofür du mir das Kind geben wirst, mit dem deine Frau schwanger geht.« In der Angst sagte der Mann alles zu, und als die Frau in Wochen kam, erschien die Fee sogleich, nannte das kleine Mädchen Rapunzel und nahm es mit sich fort.

Dieses Rapunzel wurde das schönste Kind unter der Sonne, wie es aber zwölf Jahr alt war, so schloss es die Fee in einen hohen, hohen Turm, der hatte weder Tür noch Treppe, nur bloß ganz oben war ein kleines Fensterchen. Wenn nun die Fee hinein wollte, so stand sie unten und rief: »Rapunzel, Rapunzel! Lass mir dein Haar herunter.«

Rapunzel hatte aber prächtige Haare, fein wie gesponnen Gold, und wenn die Fee so rief, so band sie sie los, wickelte sie oben um einen Fensterhaken und dann fielen die Haare zwanzig Ellen tief hinunter, und die Fee stieg daran hinauf.

Eines Tages kam nun ein junger Königssohn durch den Wald, wo der Turm stand, sah das schöne Rapunzel oben am Fenster stehen und hörte sie mit so süßer Stimme singen, dass er sich ganz in sie verliebte. Da aber keine Türe im Turm war und keine Leiter so hoch reichen konnte, so geriet er in Verzweiflung, doch ging er alle Tage in den Wald hin, bis er einstmals die Fee kommen sah, die sprach: »Rapunzel, Rapunzel! Lass dein Haar herunter.«

Darauf sah er wohl, auf welcher Leiter man in den Turm kommen konnte. Er hatte sich aber die Worte wohl gemerkt, die man sprechen musste, und des andern Tages, als es dunkel war, ging er an den Turm und sprach hinauf: »Rapunzel, Rapunzel, lass dein Haar herunter!« Da ließ sie die Haare los, und wie sie unten waren, machte er sich daran fest und wurde hinaufgezogen.

Rapunzel erschrak nun anfangs, bald aber gefiel ihr der junge König so gut, dass sie mit ihm verabredete, er solle alle Tage kommen und hinaufgezogen werden. So lebten sie lustig und in Freuden eine geraume Zeit, und die Fee kam nicht dahinter, bis eines Tages das

Rapunzel anfing und zu ihr sagte: »Sag' sie mir doch, Frau Gothel, meine Kleiderchen werden mir so eng und wollen nicht mehr passen.« »Ach du gottloses Kind«, sprach die Fee, »was muss ich von dir hören«, und sie merkte gleich, wie sie betrogen wäre und war ganz aufgebracht. Da nahm sie die schönen Haare Rapunzels, schlug sie ein paar Mal um ihre linke Hand, griff eine Schere mit der rechten und ritsch, ritsch, waren sie abgeschnitten. Darauf verwies sie Rapunzel in eine Wüstenei, wo es ihr sehr kümmerlich erging und sie nach Verlauf einiger Zeit Zwillinge, einen Knaben und ein Mädchen gebar. Denselben Tag aber, wo sie Rapunzel verstoßen hatte, machte die Fee abends die abgeschnittenen Haare oben am Haken fest, und als der Königssohn kam: »Rapunzel, Rapunzel, lass dein Haar herunter!« so ließ sie zwar die Haare nieder, allein wie erstaunte der Prinz, als er statt seines geliebten Rapunzels die Fee oben fand. »Weißt du was«, sprach die erzürnte Fee, »Rapunzel ist für dich Bösewicht auf immer verloren!«

Da wurde der Königssohn ganz verzweifelnd und stürzte sich gleich den Turm hinab, das Leben brachte er davon, aber die beiden Augen hatte er sich ausgefallen. Traurig irrte er im Wald herum, aß nichts als Gras und Wurzeln und tat nichts als weinen. Einige Jahre nachher gerät er in jene Wüstenei, wo Rapunzel kümmerlich mit ihren Kindern lebte, ihre Stimme däuchte ihm so bekannt, in demselben Augenblick erkannte sie ihn auch und fällt ihm um den Hals. Zwei von ihren Tränen fallen in seine Augen, da werden sie wieder klar, und er kann damit sehen, wie sonst.

Auch die Göttin wandelt sich

In »Rapunzel« begegnet uns die Dreigestaltigkeit der matrifokalen Göttin, wobei ihre Hauptrolle im Märchen auf das kosmische Prinzip verweist. »Rapunzel« zeigt deutliche Anklänge zu anderen matrifokalen Mythen: Da ist zum einen eine Sagenversion um Demetra, die Tochter der Kore. Demetra wird von einem Zauberer in einen Turm gesperrt. In der Sage um Danaë, der späteren Mutter von Perseus, begegnet uns erneut das Motiv der in den Turm gesperrten Jungfrau: Akrisios sperrt seine Tochter Danaë in einen bronzenen Turm, doch Zeus entflammt in Leidenschaft zu ihr und begattet sie als goldener Regen. Und schließlich haben wir deutliche Anklänge in der Heiligenlegende um die Heilige Barbara, die mit Margaretha (Drache) und Katharina (Rad) durch den Turm als Attribut deutlich auf den kosmischen (weißen) Aspekt der Göttinnen-Ternität verweist. Auch Barbara wurde von ihrem Vater in einen Turm gesperrt.

Allzu deutlich erkennen wir so in Rapunzel den kosmischen Aspekt der Göttin wieder. Der Turm, Symbol der Weltenachse (*axis mundi*), zeigt sie als von der materiellen Welt entrückt. Noch vor ihrer Pubertät wird Rapunzel – noch nicht Frau geworden – in den Turm gesperrt. So wie die heilige Barbara, die keusch bleiben wollte, ist Rapunzel so (zunächst) dem erotischen Aspekt der Existenz entzogen. Dennoch ist sie das »schönste Kind unter der Sonne«, ein göttliches Wesen. Als Himmelsleiter dient ihr langes Haar.

Haare galten in vielen Kulturen als Zeichen spiritueller Kraft, manchmal galten insbesondere lange Haare als Zeichen der Unberührtheit. Im Alten Testament wurde Männern, den sogenannten »Nasiräern«, eine Zeit gewährt, in der sie ihr Haar nicht schnitten, um ihre Verbindung mit Gott zu demonstrieren. Bei den Germanen symbolisierten lange Haare Kraft und Freiheit. Dem Königsgeschlecht der Merowinger wurde nachgesagt, sie bezögen ihre magische Kraft aus ihrem langen Haupthaar, wie auch der biblische Samson aus seinem langen Haar seine gewaltige Kraft gewann. Insbesondere als »goldenes Haar« erkennen wir im langen Haar Rapunzels einmal mehr den göttlich-solaren Aspekt der »kosmischen Göttin« Rapunzel.

Als Rapunzel schwanger wird, wechselt der Zyklus quasi vom kosmischen (weißen) in den kreativen, schöpferischen (roten Aspekt). Daher muss sie den Turm verlassen und wird von »Frau Gothel« in die Einöde materieller Existenz verbannt. Diese Szene wurde von den Gebrüdern Grimm selbst zensiert. In der älteren Version lassen sie Rapunzel noch sagen: »Sag sie mir doch Frau Gotel (Gothel), meine

Kleider werden mir so eng und wollen nicht mehr passen«. Dieser für die damalige Zeit anzügliche Hinweis auf Rapunzels Schwangerschaft wird in der Version von 1819 bereits von den Gebrüdern Grimm getilgt: *Sag sie mir doch, Frau Gothel, wie kommt es nur, sie wird mir viel schwerer heraufzuziehen, als der junge Königssohn, der ist in einem Augenblick bei mir.*

Interessanterweise ist es ja die Schwangerschaft ihrer leiblichen Mutter, die das Drama um Rapunzel erst auslöste. Ihre Mutter wird von den im geheimen Garten wachsenden Kräutern, eben dem Rapunzel, vollkommen in den Bann geschlagen, *dass sie lüstern ward und das größte Verlangen empfand.* Ein deutlicher Hinweis auf den »roten Aspekt«, der von der Mutter vertreten wird.

Die »alte Zauberin«, die in der Grimm-Version von 1810 noch eine Fee ist, stellt selbst einen übergeordneten Göttinnenaspekt dar. Sie wird »Frau Gotel (Gothel)« genannt. Gothel ist eine indoeuropäische Muttergöttin. In unserem alten Wort für Patin »Gotte« ist sie noch gegenwärtig. Im altenglischen wird dies noch deutlicher: »godship« (Patin/Pate) heißt wörtlich »gottesverwandt«. So erscheinen leibliche Mutter (roter Aspekt), Frau Gothel (Machtaspekt, schwarz) und Rapunzel in ihrem jungfräulich-weißen Aspekt als drei Formen der gleichen Göttin.

Der Fortgang des natürlichen Zyklus will es, dass der weiße sich in den roten Aspekt wandelt, Rapunzel schwanger wird, aus dem Turm auf die Erde herabsteigen muss, um dort ihre Zwillinge zu gebären. Der Königsohn hatte als »Strafe« sein Augenlicht verloren, doch die heilende Kraft der Tränen, des Augenwassers Rapunzels, lässt ihn wieder sehend werden. Die bleibende Symbolik der Augen (visionär sein, erleuchtet sein), verweist darauf, dass Rapunzel trotz ihres materiellen Zyklus, in dem sie sich befindet, übergeordnet die kosmische Göttin der Ganzheit repräsentiert. Rapunzel ist die Liebe, sie verbindet das Geistige und das Irdische.

Die Reise der Seele

Wie wir bereits sehen konnten, stellen sich in der Vorstellungswelt der naturbezogenen Völker, der sogenannten schamanischen Kulturen, Makrokosmos und Mikrokosmos als Äquivalente dar. Die materielle Wirklichkeit ist, so betrachtet, auch nur ein physischer Ausdruck eines geistig-seelischen Raumes. Diese »andere Wirklichkeit«, die in Träumen, Trancen und Drogenerfahrungen erlebbar ist, hat eine eigene Geographie, die sich – erstaunlicherweise – kulturübergreifend sehr ähnlich darstellt.

Die Drei Welten

Da gibt es zunächst unsere physische Ebene, die Welt, in der die Menschen leben. Aber nicht nur Menschen leben hier. Diese unsere Realität, auf die sich der materielle Geist reduziert hat, beherbergt auch die Tiere und Pflanzen und – was in der schamanischen Weltsicht wichtig ist – durchaus auch geistige Wesen. Eine Pflanze ist nicht nur ein biologisches Wesen, sie besitzt einen eigenen Geist. Mit diesem, nicht mit der physischen Pflanze, redet der Schamane, wenn ihm die Liane *Banisteriopsis caapi* das komplizierte Rezept des Ayahuasca verrät. Mit dem Pflanzengeist kommuniziert auch Aschenputtel, wenn der Haselbaum – nicht wie in der Disney-Version eine pummelige Fee – auf dem Grab ihrer Mutter ihre Wünsche erfüllt: »Bäumchen, rüttel dich und schüttel dich, wirf Gold und Silber über mich.« Dieses Verständnis ist für die Betrachtung der Märchen als Mythen immanent wichtig. Wenn im Märchen »Die weiße Schlange« von der Schlange gekostet wird und der Diener des Königs fortan die Sprache der Tiere versteht, dann ist dies das gleiche Motiv wie im Mythos um Sigurd in der Edda, der durch den Verzehr des Drachenherzens ebenfalls die Sprache der Tiere verstehen kann. Doch ist diese Sprache stets eine geistig-seelische. Es ist das unmittelbare Empfinden und das innere Wissen um die Absichten der Kräfte der Natur.

Diese unsere Welt, bevölkert von Pflanzen, Tieren, Menschen *und* ihren Geistern, wird auch als die *Mittlere Welt* bezeichnet.

Sie reiht sich, die Weltenachse umringend, ein zwischen *Oberer* und *Unterer Welt.* In der germanischen Mythologie sind diese *Drei Welten* als *Asgard, Midgard und Utgard* bekannt. Die Weltenachse im Zentrum kann, wie wir schon in den Märchen »Rapunzel« und »Frau Holle« gesehen haben, unterschiedliche Formen annehmen: mal Brunnen, mal Turm, mal Baum wie der Weltenbaum Yggdrasil. Oft wird gar der Polarstern als Loch der Weltenachse in der Himmelskuppel verstanden und das Kreisen der Sterne um diese Mitte »belegt« die Präsenz der unsichtbaren Säule.

In die *Untere Welt* reist der Schamane – je nach Kultur –, wenn er Kontakt zu den Ahnen sucht, oder auch, wenn er auf der Suche nach einem Krafttier ist. Die *Untere Welt* entspricht nicht zwingend dem christlich geprägten Bild einer Ödnis, vielmehr wachsen hier bunte Blumen, und die Vegetation kann dschungelhaft wuchern. Die *Untere Welt,* die geistige Welt der Erdensphäre war ja auch das Reich der Frau Holle. Brachte hier nicht der Apfelbaum reiche Frucht? War nicht das nahrhafte Brot fertig gebacken? Oft wird aber gerade die *Untere Welt* als eine Raumumstülpung erfahren, wie wir bei *Frau Holle* sahen. Sibirische Stämme vertreten die Weltsicht, dass in der *Unteren Welt* Tag ist, wenn bei uns – also der *Mittleren Wel*t – Nacht herrscht. Natürlich, denn der Makrokosmos zeigt ja, dass die Sonne *untergegangen* ist. – Wo sollte sie sein? Die Umstülpung ist also kein geistiges Konstrukt, sie leitet sich von der unmittelbaren Naturerfahrung ab. Auch hier entsprechen sich Makrokosmos und Mikrokosmos. Die *Untere Welt,* die Welt der Erden- und Elementarkräfte, denn in Utgard hausen die Riesen, wird oft durch Höhlen betreten, durch einen Abstieg in einem Schacht oder Brunnen oder über einen Zugang in mächtigen Baumwurzeln.

Auch die *Untere Welt* ist von Geistwesen bevölkert. Mit der Christianisierung erhielten vor allem diese eine starke Ablehnung und

buchstäblich eine Verteufelung, wie wir im Märchen »Der Teufel mit den drei goldenen Haaren« noch sehen werden. Das Weltbild unserer Ahnen und noch heute bestehender naturverbundener Kulturen teilte jedoch die *Drei Welten* nicht in Wertungen von Gut und Böse ein, so ist auch das germanische Utgard keine Entsprechung zur christlichen Höllenvision.

Den Gegenpol zur *Unteren Welt* stellt die *Obere Welt* dar. Der Suchende gelangt über einen Regenbogen zu ihr, über ein unsichtbares Seil, den Rauch eines heiligen Feuers oder indem er den Weltenbaum erklimmt oder die Zauberbohne, die zu einer solchen Weltenachse angewachsen ist.

Die *Obere Welt* ist das Reich der Sternenwesen, der Götter (Asgard), Engel, aber auch höherer Landschaftsgenien. Zu ihr steigt der Reisende in seiner Seelenreise empor, wenn er einen geistigen Lehrer sucht.

Diese spirituelle Geographie von *Unterer, Mittlerer und Oberer Welt* – schlicht die *Drei Welten* genannt – ist tatsächlich in den verschiedensten Kulturen von Nord-, Mittel und Südamerika, über Afrika und Europa bis nach Asien nachweisbar. Die Konzepte unterscheiden sich ein wenig in der Form, den genutzten Bildern – so können auch die *Drei Welten* selbst sich weiter mehrfach unterteilen – sind aber insgesamt erstaunlich konsistent.

Vermittler der Welten

Da unsere *Mittlere Welt* ebenfalls im Sinne des Gesetzes »wie Oben, so Unten« nur ein Abbild der Gesamtkosmologie darstellt, kann man davon ausgehen, dass Probleme in unserer Wirklichkeit nur der Schatten von Problemen der *Unteren* und *Oberen Welt* sind. Ein Erdbeben ist in dieser Weltbetrachtung nicht nur eine seismische Aktivität des toten Planeten, es ist ein Erzittern der Unteren Welt. Den Grund dafür gilt es zu erforschen. So haben sich in den Kulturen *Grenzgänger* ausgebildet, *Fährtensucher* und *Kundige* der Reise in Verschiedenen Wirklichkeiten: die Schamanen.

Wenn also Probleme – Dürren, Überschwemmungen, Erdbeben, Hagel, Ausbleiben des Jagdwildes, Epidemien und vieles andere – in unserer Realität auftreten, dann macht sich der Schamane in einer Seelenreise auf, die geistige Ursache dafür zu ermitteln. Er sucht den Geist der Landschaft – zum Beispiel Rübezahl – auf, um mit ihm zu klären, was ihn wütend macht. Oft sind es wiederum Störungen im Mikrokosmos, die Ursache der Ereignisse sind: Menschen innerhalb der Gemeinschaft sind mit sich uneins, vergehen sich gegen heilige Gesetze, getrieben durch Angst, Gier oder Eifersucht. Diese Störung im Seelenleben führt zu einer Reaktion der »Spirits«, der Geistwesen in der *Oberen* oder der *Unteren Welt*, die wiederum auf der Ebene der *Mittleren Welt* die Gesetze der Natur aus dem Gleichgewicht bringen und zu Krankheiten und Naturkatastrophen führen. Sehr schön bringt dies die Legende vom Regenmacher zum Ausdruck:

In einem Dorf irgendwo herrschte große Sorge, denn es wollte nicht regnen. Ohne Regen aber würde die Ernte nicht gelingen und das Dorf den strengen Winter nicht überstehen.

Also schickte man nach Regenmachern. Es kamen diese und jene, und sie vollzogen mit großem Aufwand ihre Zeremonien, doch der Regen wollte nicht kommen.

Als das Dorf nicht mehr weiter wusste, erinnerte man sich an einen alten Mann, der einsam hoch oben in den Bergen lebte und vielleicht Regen machen könnte. Man sandte nach ihm, und er kam. Man fragte ihn, was er denn zum Regenmachen brauche, und er bat lediglich um eine Hütte außerhalb des Dorfes und um täglich Reis und Wasser, das man ihm vor die Hütte stellen solle. »Ist dies alles?« fragten die Dörfler. »Ja, das ist alles!« und damit zog sich der alte Mann zurück, nachdem er vorher noch einmal durch das Dorf gegangen war.

Es dauerte drei oder vier Tage, und dann regnete es.

Als der Mann gefragt wurde, wie ihm das gelungen sei, antwortete er: »Als ich in das Dorf kam, sah ich, dass ihr untereinander und mit der Natur in Unordnung wart. Da habe ich mich gefragt, wo denn in mir etwas in Unordnung ist, setzte mich mit dieser Frage in die Stille und brachte mich in Ordnung. Durch diese meine Ordnung konnte

sich die Natur an ihre eigene Ordnung erinnern, und es konnte regnen.«

Der mythologische Gehalt der Märchen kann hier als eine Art Landkarte gesehen werden, die zeigt, wie in solchen Situationen zu verfahren ist, wie die Harmonie zwischen den *Drei Welten* wieder hergestellt werden kann.

Die Reise der Seele

In dieses kosmologische Bild fügt sich die Reise der individuellen Seele nahtlos ein. Oft ist sie nur ein Abbild der kollektiven Seelenreise der ganzen Menschheit, wie wir bei »Hänsel und Gretel« noch sehen werden. Grundlegender Gedanke der individuellen Seelenreise, die ja dann auch bei psychologischen Märcheninterpretationen freudig aufgenommen wird, ist die Wiederkehr der Seele. Wiederum in verschiedenartiger Ausprägung ist der Gedanke einer Wiedergeburt keinesfalls ein rein hinduistisch-buddhistisches Konzept. Archäologische Funde aus der Jungsteinzeit (rund 4200 v. Chr.) wiesen Bestattungen in Embryonalhaltung auf. Der Verstorbene wurde so auf die Wiedergeburt bereits beim Begräbnis vorbereitet. Diese fötale Haltung ist wiederum sowohl in Europa als auch in Nordamerika nachweisbar und zeigt erneut das interkulturelle, weltumspannende Ausmaß dieser Weltsicht einer Wiedergeburt. Oft mit rotem Ocker bemalt, wie das Kind im Geburtsvorgang mit Blut beschmiert ist, harrt der Verstorbene seiner Wiederkehr.

Auch den Kelten war das Konzept der Seelenreise und der Reinkarnation vertraut, wobei die keltische Weltsicht weit über die Idee einer individuellen Seele hinausreichte und auch Mehrfachinkarnationen sowie Inkarnationen in den Elementen – etwa im Wasser oder im Wind – möglich machte. Doch braucht dies an dieser Stelle nicht vertiefend diskutiert zu werden. Diese Vorstellungen, die von den indoeuropäischen Völkern stammte (geographisch spricht man von tocharo-keltischen Völkern) und von unvergänglicher, unsterblicher

Seelenwanderung und Wiederverkörperung wusste, wurde vermutlich mit den Völkerwanderungen ab etwa 2000 v. Chr. aus dem asiatischen Hochland nach Süden und von dort auch ins westliche Europa getragen.

Die Wiedergeburt – wie schon in den Märchen *Rotkäppchen* und *Der Wolf und die sieben jungen Geißlein* – ist integraler Bestandteil einer naturverbundenen spirituellen Weltsicht. Und, um es noch einmal zu wiederholen, es stellt keinen Widerspruch dar, dass die im astronomischen Ereignis einer Sonnenfinsternis oder der Bedeckung der Plejaden durch den Mond erlebte Wiedergeburt eine Makrokosmische ist. Die individuelle Seelenreise, die kollektive Seelenreise und kosmische Ereignisse sind lediglich Fraktale der gleichen geistigen Gesetzmäßigkeiten. Ihnen wollen wir in den nun folgenden Märchen nachspüren.

Von dem Teufel mit drei goldenen Haaren

Es war einmal eine arme Frau, die gebar ein Söhnlein, und weil es eine Glückshaut umhatte, als es zur Welt kam, so ward ihm geweissagt, es werde im vierzehnten Jahr die Tochter des Königs zur Frau haben. Es trug sich zu, dass der König bald darauf ins Dorf kam, und niemand wusste, dass es der König war, und als er die Leute fragte, was es Neues gäbe, so antworteten sie: »Es ist in diesen Tagen ein Kind mit einer Glückshaut geboren: Was so eines unternimmt, das schlägt ihm zum Glück aus. Es ist ihm auch vorausgesagt, in seinem vierzehnten Jahre solle er die Tochter des Königs zur Frau haben.« Der König, der ein böses Herz hatte und sich über die Weissagung ärgerte, ging zu den Eltern, tat ganz freundlich und sagte: »Ihr armen Leute, überlasst mir euer Kind, ich will es versorgen.« Anfangs weigerten sie sich, da aber der fremde Mann schweres Gold dafür bot und sie dachten: »Es ist ein Glückskind, es muss doch zu seinem Besten ausschlagen«, so willigten sie endlich ein und gaben ihm das Kind.

Der König legte es in eine Schachtel und ritt damit weiter, bis er zu einem tiefen Wasser kam. Da warf er die Schachtel hinein und dachte: »Von dem unerwarteten Freier habe ich meine Tochter geholfen.« Die Schachtel aber ging nicht unter, sondern schwamm wie ein Schiffchen, und es drang auch kein Tröpfchen Wasser hinein. So schwamm sie bis zwei Meilen von des Königs Hauptstadt, wo eine Mühle war, an dessen Wehr sie hängen blieb. Ein Mahlbursche, der glücklicherweise da stand und sie bemerkte, zog sie mit einem Haken heran und meinte, große Schätze zu finden, als er sie aber aufmachte, lag ein schöner Knabe darin, der ganz frisch und munter war. Er brachte ihn zu den Müllersleuten, und weil diese keine Kinder hatten, freuten sie sich und sprachen: »Gott hat es uns beschert.« Sie pflegten den Findling wohl, und er wuchs in allen Tugenden heran.

Es trug sich zu, dass der König einmal bei einem Gewitter in die Mühle trat und die Müllersleute fragte, ob der große Junge ihr Sohn wäre. »Nein«, antworteten sie, »es ist ein Findling, er ist vor vierzehn Jahren in einer Schachtel ans Wehr geschwommen, und der Mahlbursche hat ihn aus dem Wasser gezogen.« Da merkte der König, dass es niemand anders als das Glückskind war, das er ins Wasser geworfen hatte, und sprach: »Ihr guten Leute, könnte der Junge nicht einen Brief an die Frau Königin bringen, ich will ihm zwei Goldstücke zum Lohn geben?« »Wie der Herr König gebietet«, antworteten die Leute und hießen den Jungen sich bereithalten. Da schrieb der König einen Brief an die Königin, worin stand: »Sobald der Knabe mit diesem Schreiben angelangt ist, soll er getötet und begraben werden, und das alles soll geschehen sein, ehe ich zurückkomme.«

Der Knabe machte sich mit diesem Briefe auf den Weg, verirrte sich aber und kam abends in einen großen Wald. In der Dunkelheit sah er ein kleines Licht, ging darauf zu und gelangte zu einem Häuschen. Als er hineintrat, saß eine alte Frau beim Feuer ganz allein. Sie erschrak, als sie den Knaben erblickte, und sprach. »Wo kommst du her und wo willst du hin?« »Ich komme von der Mühle«, antwortete er, »und will zur Frau Königin, der ich einen Brief bringen soll. Weil ich mich aber in dem Walde verirrt habe, so wollte ich hier gerne übernachten.« »Du armer Junge«, sprach die Frau, »du bist in ein Räuberhaus geraten, und wenn sie heimkommen, so bringen sie dich um.« »Mag kommen, wer will«, sagte der Junge, »ich fürchte mich nicht. Ich bin aber so müde, dass ich nicht weiter kann«, streckte sich auf eine Bank und schlief ein. Bald hernach kamen die Räuber und fragten zornig, was da für ein fremder Knabe läge. »Ach«, sagte die Alte, »es ist ein unschuldiges Kind, es hat sich im Walde verirrt, und ich habe ihn aus Barmherzigkeit aufgenommen. Er soll einen Brief an die Frau Königin bringen.« Die Räuber erbrachen den Brief und lasen ihn, und es stand darin, dass der Knabe sogleich, wie er ankäme, sollte ums Leben gebracht werden. Da empfanden die hartherzigen Räuber Mitleid, und der Anführer zerriss den Brief und schrieb einen andern, und es stand darin, sowie der Knabe ankäme, sollte er sogleich mit der Königstochter vermählt werden. Sie ließen ihn dann ruhig bis zum andern Morgen auf der Bank liegen, und als er aufgewacht war, gaben sie ihm den Brief und zeigten ihm den rechten Weg. Die Königin aber, als sie den Brief empfangen und gelesen hatte, tat, wie darin stand, hieß ein prächtiges Hochzeitsfest anstellen, und die Königstochter ward mit dem Glückskind vermählt; und da der Jüngling schön und freundlich war, so lebte sie vergnügt und zufrieden mit ihm .

Nach einiger Zeit kam der König wieder in sein Schloss und sah, dass die Weissagung erfüllt und das Glückskind mit seiner Tochter vermählt war. »Wie ist das zugegangen?« sprach er, »ich habe in meinem Brief einen ganz andern Befehl erteilt.« Da reichte ihm die Königin den Brief und sagte, er möchte selbst sehen, was darin stände. Der König las den Brief und merkte wohl, dass er mit einem andern war vertauscht worden. Er fragte den Jüngling, wie es mit dem anvertrauten Briefe zugegangen wäre, warum er einen andern dafür gebracht hätte. »Ich weiß von nichts«, antwortete er, »er muss mir in der Nacht vertauscht sein, als ich im Walde geschlafen habe.« Voll Zorn sprach der König: »So leicht soll es dir nicht werden. Wer meine Tochter haben will, der muss mir aus der Hölle drei goldene Haare von dem Haupte des Teufels holen; bringst du mir, was ich verlange, so sollst du meine Tochter behalten.« Damit hoffte der König ihn auf immer loszuwerden. Das Glückskind aber antwortete: »Die goldenen Haare will ich wohl holen, ich fürchte mich vor dem Teufel nicht.« Darauf nahm er Abschied und begann seine Wanderschaft.

Der Weg führte ihn zu einer großen Stadt, wo ihn der Wächter an dem Tore ausfragte, was für ein Gewerbe er verstände und was er wüsste. »Ich weiß alles«, antwortete das Glückskind. »So kannst du uns einen Gefallen tun«, sagte der Wächter, »wenn du uns sagst, warum unser Marktbrunnen, aus dem sonst Wein quoll, trocken geworden ist, und nicht einmal mehr Wasser gibt.« »Das sollt ihr erfahren«, antwortete er, »wartet nur, bis ich wiederkomme.« Da ging er weiter und kam vor eine andere Stadt, da fragte der Torwächter wiederum, was für ein Gewerbe er verstünde und was er wüsste. »Ich weiß alles«, antwortete er. »So kannst du uns einen Gefallen tun und uns sagen, warum ein Baum in unserer Stadt, der sonst goldene Äpfel trug, jetzt nicht einmal Blätter hervortreibt.« »Das sollt ihr erfahren«, antwortete er, »wartet nur, bis ich wiederkomme.« Da ging er weiter, und kam an ein großes Wasser, über das er hinüber musste. Der Fährmann fragte ihn, was er für ein Gewerbe verstände und was er wüsste. »Ich weiß alles«, antwortete er. »So kannst du mir einen Gefallen tun«, sprach der Fährmann, »und mir sagen, warum ich immer hin- und herfahren muss und niemals abgelöst werde.« »Das sollst du erfahren«, antwortete er, »warte nur, bis ich wiederkomme.«

Als er über das Wasser hinüber war, so fand er den Eingang zur Hölle. Es war schwarz und rußig darin, und der Teufel war nicht zu Haus, aber seine Ellermutter saß da in einem breiten Sorgenstuhl. »Was willst du?« sprach sie zu ihm, sah aber gar nicht so böse aus. »Ich wollte gerne drei goldene Haare von des Teufels Kopf«, antwortete er, »sonst kann ich meine Frau nicht behalten.« »Das ist viel verlangt«, sagte sie, »wenn der Teufel heim kommt und findet dich, so geht dir's an den Kragen; aber du dauerst mich, ich will sehen, ob ich dir helfen kann.« Sie verwandelte ihn in eine Ameise und sprach:

»Kriech in meine Rockfalten, da bist du sicher.« »Ja«, antwortete er, »das ist schon gut, aber drei Dinge möchte ich gerne noch wissen, warum ein Brunnen, aus dem sonst Wein quoll, trocken geworden ist, jetzt nicht einmal mehr Wasser gibt: warum ein Baum, der sonst goldene Äpfel trug, nicht einmal mehr Laub treibt: und warum ein Fährmann immer herüber- und hinüberfahren muss und nicht abgelöst wird.« »Das sind schwere Fragen«, antwortete sie, »aber halte dich nur still und ruhig, und hab acht, was der Teufel spricht, wenn ich ihm die drei goldenen Haare ausziehe.«

Als der Abend einbrach, kam der Teufel nach Haus. Kaum war er eingetreten, so merkte er, dass die Luft nicht rein war. »Ich rieche, rieche Menschenfleisch«, sagte er, »es ist hier nicht richtig.« Dann guckte er in alle Ecken und suchte, konnte aber nichts finden. Die Ellermutter schalt ihn aus: »Eben ist erst gekehrt«, sprach sie, »und alles in Ordnung gebracht, nun wirfst du mir's wieder untereinander; immer hast du Menschenfleisch in der Nase! Setze dich nieder und iss dein Abendbrot.« Als er gegessen und getrunken hatte, war er müde, legte der Ellermutter seinen Kopf in den Schoß und sagte, sie sollte ihn ein wenig lausen. Es dauerte nicht lange, so schlummerte er ein, blies und schnarchte. Da fasste die Alte ein goldenes Haar, riss es aus und legte es neben sich. »Autsch!« schrie der Teufel, »was hast du vor?« »Ich habe einen schweren Traum gehabt«, antwortete die Ellermutter, »da hab ich dir in die Haare gefasst.« – »Was hat dir denn geträumt?« fragte der Teufel. »Mir hat geträumt, ein Marktbrunnen, aus dem sonst Wein quoll, sei versiegt, und es habe nicht einmal Wasser daraus quellen wollen, was ist wohl schuld daran?« – »He, wenn sie's wüssten!« antwortete der Teufel. »Es sitzt eine Kröte unter einem Stein im Brunnen, wenn sie die töten, so wird der Wein schon wieder fließen.« Die Ellermutter lauste ihn wieder, bis er einschlief und schnarchte, dass die Fenster zitterten. Da riss sie ihm das zweite Haar aus. »Hu! Was machst du?« schrie der Teufel zornig. »Nimm's nicht übel«, antwortete sie, »ich habe es im Traum getan.« – »Was hat dir wieder geträumt?« fragte er. »Mir hat geträumt, in einem Königreiche ständ ein Obstbaum, der hätte sonst goldene Äpfel getragen und wollte jetzt nicht einmal Laub treiben. Was war wohl die Ursache davon?« – »He, wenn sie's wüssten!« antwortete der Teufel. »An der Wurzel nagt eine Maus, wenn sie die töten, so wird er schon wieder goldene Äpfel tragen, nagt sie aber noch länger, so verdorrt der Baum gänzlich. Aber lasse mich mit deinen Träumen in Ruhe, wenn du mich noch einmal im Schlafe störst, so kriegst du eine Ohrfeige.« Die Ellermutter sprach ihm zu gut und lauste ihn wieder, bis er eingeschlafen war und schnarchte. Da fasste sie das dritte goldene Haar und riss es ihm aus. Der Teufel fuhr in die Höhe, schrie und wollte übel mit ihr wirtschaften, aber sie besänftigte ihn nochmals und sprach: »Wer kann für böse Träume!« – »Was hat dir denn geträumt?« fragte er, und war doch neugierig. »Mir hat von einem Fährmann geträumt, der sich beklagte, dass er immer hin- und herfahren müsste und nicht abgelöst würde. Was ist wohl schuld?« – »He, der Dummbart!« antwortete der Teufel. »Wenn einer kommt und will überfahren, so muss er ihm die Stange in die Hand geben, dann muss der andere überfahren, und er ist frei.« Da die Ellermutter ihm die drei goldenen Haare ausgerissen hatte und die drei Fragen beantwortet waren, so ließ sie den alten Drachen in Ruhe, und er schlief, bis der Tag anbrach.

Als der Teufel wieder fortgezogen war, holte die Alte die Ameise aus der Rockfalte und gab dem Glückskind die menschliche Gestalt zurück. »Da hast du die drei goldenen Haare«, sprach sie, »was der Teufel zu deinen drei Fragen gesagt hat, wirst du wohl gehört haben.« – »Ja«, antwortete er, »ich habe es gehört und will's wohl behalten.« – »So ist dir geholfen«, sagte sie, »und nun kannst du deiner Wege ziehen.« Er bedankte sich bei der Alten für die Hilfe in der Not, verließ die Hölle und war vergnügt, dass ihm alles so wohl geglückt war. Als er zu dem Fährmann kam, sollte er ihm die versprochene Antwort geben. »Fahr mich erst hinüber«, sprach das Glückskind, »so will ich dir sagen, wie du erlöst wirst«, und als er auf dem jenseitigen Ufer angelangt war, gab er ihm des Teufels Rat: »Wenn wieder einer kommt und will übergefahren sein, so gib ihm nur die Stange in die Hand.« Er ging weiter und kam zu der Stadt, worin der unfruchtbare Baum stand und wo der Wächter auch Antwort haben wollte. Da sagte er ihm, wie er vom Teufel gehört hatte: »Tötet die Maus, die an seiner Wurzel nagt, so wird er wieder goldene Äpfel tragen.« Da dankte ihm der Wärter und gab ihm zur Belohnung zwei mit Gold beladene Esel, die mussten ihm nachfolgen. Zuletzt kam er zu der Stadt, deren Brunnen versiegt war. Da sprach er zu dem Wächter, wie der Teufel gesprochen hatte: »Es sitzt eine Kröte im Brunnen unter einem Stein, die müsst ihr aufsuchen und töten, so wird er wieder reichlich Wein geben.« Der Wächter dankte und gab ihm ebenfalls zwei mit Gold beladene Esel.

Endlich langte das Glückskind daheim bei seiner Frau an, die sich herzlich freute, als sie ihn wiedersah und hörte, wie wohl ihm alles gelungen war. Dem König brachte er, was er verlangt hatte, die drei goldenen Haare des Teufels, und als dieser die vier Esel mit dem Golde sah, ward er ganz vergnügt und sprach: »Nun sind alle Bedingungen erfüllt, und du kannst meine Tochter behalten. Aber, lieber Schwiegersohn, sage mir doch, woher ist das viele Gold? Das sind ja gewaltige Schätze!« – »Ich bin über einen Fluss gefahren«, antwortete er, »und da habe ich es mitgenommen, es liegt dort statt des Sandes am Ufer.« – »Kann ich mir auch davon holen?« sprach der König und war ganz begierig. »So viel Ihr nur wollt«, antwortete er, »es ist ein Fährmann auf dem Fluss, von dem lasst Euch überfahren, so könnt Ihr drüben Eure Säcke füllen.« Der habsüchtige König machte sich in aller Eile auf den Weg, und als er zu dem Fluss kam, so winkte er dem Fährmann, der sollte ihn übersetzen. Der Fährmann kam und hieß ihn einsteigen, und als sie an das jenseitige Ufer kamen, gab er ihm die Ruderstange in die Hand und sprang davon. Der König aber musste von nun an fahren zur Strafe für seine Sünden.

»Fährt er wohl noch?« – »Was denn? Es wird ihm niemand die Stange abgenommen haben.«

Der Weg des Schamanen

Das Märchen *Von dem Teufel mit drei goldenen Haaren* zeigt die klare Struktur einer schamanischen Reise: Wenn, wie besprochen, in indigenen Kulturen eine die Gemeinschaft bedrohende Situation eintritt, so macht sich der Schamane auf eine innere Reise zu den Geistern. Er macht sich auf, der Großen Göttin zu begegnen, dem Geist der Natur selbst, und wählt dazu verschiedene Wirklichkeitsebenen, wie zum Beispiel die *Untere Welt*. Oft geben die Stammes- und Gesellschaftsmitglieder dem Schamanen noch Sekundärfragen mit auf den Weg, die ebenfalls von großer Wichtigkeit für die Gemeinschaft sind.

Die Hauptfigur des Märchens wird mit einer »Glückshaut« geboren. Die Glückshaut ist eine haubenartige Eihaut, die bei der Geburt den Kopf eines Neugeborenen überziehen kann. In den Mythen gilt sie als ein Zeichen einer gesegneten Person. Unser »Schamane« ist also von Geburt an von der Natur, der Erde, der Göttin, selbst gesegnet, etwas Besonderes. Gleichzeitig werden ihm wesentliche Stationen seines Lebens prophezeit. Er ist ein Auserwählter.

Wie Moses wird er vom bösen König in eine Kiste – einem Sarg gleich – gelegt und in den Fluss geworfen. Natürlich kommt es dadurch zur selbsterfüllenden Prophezeiung, denn der Fluss ist der Lebensfluss selbst, der ihn seinem Schicksal entgegenträgt. Er wird von Müllern gefunden und aufgezogen. Der Müller ist selbst ein schamanisches Symbol, das in vielen Märchen auftaucht. Müller lebten abseits der Dorfgemeinschaft und beschäftigten sich mit dem magisch-alchemistischen Prozess Getreide in Mehl zu transformieren. Sie nutzten dazu den Mühlstein – Symbol der umkreisten Weltenachse. Als unser Protagonist zum Mann wird – er ist 2 x 7 = 14 Jahre alt und tritt damit aus der Kindheitsphase heraus in die eines Erwachsenen (Pubertät) – erfüllt sich sein Schicksal.

Wiederum greift das Schicksal kräftig ein: Ein Brief, den ihm der König mitgibt und der sein Todesurteil enthält, wird von Räubern umgeschrieben, und so erhält er die Prinzessin zur Braut. Der Schamane wandelt beständig an der Grenze zum Tod und erringt gerade dadurch die »Königswürde«. Bevor er jedoch die Königstochter heiraten darf, muss er die drei goldenen Haare des Teufels besorgen – eine klassische Queste.

Die im Christentum buchstäblich verteufelte Gestalt ist niemand anders als der »Wilde Mann«, der zum Beispiel im Keltischen als gehörnter Fruchtbarkeitsgott Cernunnos verehrt wurde, »Jack in the Green«, Maikönig, Garland oder gar »Robin Hood« und natürlich in der griechischen Antike Pan sind andere Namen jener gestaltgewordenen Naturkraft, die oft gehörnt dargestellt wurde. Unser »Glückskind« soll also die Macht des Naturgeistes selbst an sich bringen: Seine drei goldenen Haare. Der König möchte diese für seine materialistischen Bedürfnisse nutzen. Das Glückskind macht sich auf die klassische schamanische Reise zum Geist der Natur.

Auf dem Weg dorthin kommt er in eine Stadt, in der eine Quelle, aus der sonst Wein sprudelte, versiegt ist, eine Stadt, in der ein Apfelbaum, der sonst goldene Äpfel trug, verdorrt ist und schließlich zum Fährmann, der seinen Kahn nicht verlassen kann und gezwungen ist, Menschen überzusetzen.

Baum und Quelle sind beide klassische Paradiessymbole. Der Baum des Lebens im Paradies, die Apfelinsel Avalon oder die Insel der Hesperiden, auf der die Bäume goldene Äpfel hervorbringen, gleichen dem Baum. Er ist verdorrt. Die Menschen haben ihre Verbindung zur Paradieswelt verloren. Auch die Quelle ist ein solches Paradiessymbol: Der germanische Weltenbaum Yggdrasil besaß an seinen Wurzeln den Urdarbrunnen, und am Fuße des Lebensbaumes im Garten Eden entsprangen die vier Weltenflüsse Gehon, Phison, Euphrat und Tigris. Auch die Quelle ist versiegt. Es obliegt dem Schamanen, dem »Glückskind«, in die jenseitige Welt zu reisen und zu erfragen, wie die Menschen wieder in Einklang mit der Natur kommen können – wie Baum und Quelle wieder heil(ig) werden.

Dazu muss das Glückskind zunächst über den Unterweltsfluss und sich vom Fährmann ins jenseitige Reich bringen lassen. In der griechischen Mythologie ist dies der Unterweltsfluss Styx, der vom Fährmann Charon überquert wird. Auch das Reich der germanischen

Unterwelt-Göttin Hel ist durch einen Fluss vom Diesseits getrennt. Der Fährmann ist an seinen Kahn gebunden, er muss übersetzen, wer danach begehrt.

So gelangt das schamanische Glückskind ins Reich der Großen Göttin, der germanischen Hel, der Frau Holle, der Hulda. Im Märchen ist sie schlicht des Teufels Großmutter oder »Ellermutter«, die »Große Ahnin«. Es mag sein, dass der Naturgeist, der Wilde Mann, große Macht besitzt, doch letztendlich bezieht er diese von der Großen Göttin. Sie, des Teufels Großmutter, hilft unserem Helden, die drei goldenen Haare zu erwerben und zugleich die Antworten zu finden, die die Menschen ans Paradies zurückbinden. Im Schlaf reißt sie dem Teufel Haar für Haar aus und stellt ihm jedes Mal, wenn er aufschreckt, eine der Fragen. So erfährt der Schamane in Gestalt einer Ameise als »Krafttier«, dass eine Maus an den Wurzeln des Paradiesbaumes nagt und eine Kröte unter einem Stein die heilige Quelle verstopft, und schließlich, dass der Fährmann sein Amt an jeden übergeben kann, der mit ihm fährt.

So kehrt das Glückskind zurück in die physische Welt, bringt die Welt zurück in paradiesische Harmonie und wird selbst König. Der böse König aber wird durch eine List ebenfalls über den Unterweltsfluss geschickt, wo der Fährmann ihm sein Amt übergibt. Das Glückskind hat damit die Welten wieder in Harmonie gebracht, die Stadtbewohner sind in den inneren Paradieszustand zurückgekehrt, weshalb auch die Paradiessymbole Quelle und Baum wieder in ihrer Kraft sind.

So zeigt das Märchen *Der Teufel mit den drei goldenen Haaren,* was in schamanischen Kulturen noch heute üblich ist und auch bei uns einst üblich war: einen Grenzgänger, der die Brücke zur Anderswelt, zum Jenseits und damit der Großen Göttin selbst und ihren Naturkräften hält und damit eine zentrale Rolle im Verhältnis von Erde und Mensch spielt.

Hänsel und Gretel

Vor einem großen Walde wohnte ein armer Holzhacker, der hatte nichts zu beißen und zu brechen und kaum das tägliche Brot für seine Frau und seine zwei Kinder, Hänsel und Gretel. Einmal konnte er auch das nicht mehr schaffen, und wusste sich nicht zu helfen in seiner Not. Wie er abends vor Sorge sich im Bett herumwälzte, da sagte seine Frau zu ihm: »Höre Mann, morgen früh nimm die beiden Kinder, gib jedem noch ein Stückchen Brot, dann führ sie hinaus in den Wald, mitten inne, wo er am dicksten ist, da mach ihnen ein Feuer an, und dann geh weg und lasse sie dort, wir können sie nicht länger ernähren.« – »Nein Frau«, sagte der Mann, »das kann ich nicht über mein Herz bringen, meine eigenen lieben Kinder zu den wilden Tieren zu führen, die sie bald in dem Wald zerreißen würden.« – »Wenn du das nicht tust«, sprach die Frau, »so müssen wir alle miteinander hungers sterben.« Da ließ sie ihm keine Ruhe, bis er ja sagte.

Die zwei Kinder waren auch noch wach von Hunger und hatten alles gehört, was die Mutter zum Vater gesagt hatte. Gretel dachte, nun ist es um mich geschehen, und fing erbärmlich an zu weinen, Hänsel aber sprach: »Sei still, Gretel, und gräm dich nicht, ich will uns helfen.« Damit stieg er auf, zog sein Röcklein an, machte die Untertüre auf und schlich hinaus. Da schien der Mond hell und die weißen Rieselsteine glänzten wie lauter Batzen. Hänsel bückte sich und machte sich sein ganz Rocktäschlein voll davon, soviel nur hinein wollten, dann ging er zurück ins Haus: »Tröste dich, Gretel und schlaf nur ruhig«, legte sich wieder ins Bett und schlief ein.

Morgens früh, ehe die Sonne noch aufgegangen war, kam die Mutter und weckte sie alle beide: »Steht auf, ihr Kinder, wir wollen in den Wald gehen, da habt ihr jedes ein Stücklein Brot, aber haltet es zu Rate und hebt es euch für den Mittag auf.« Gretel nahm das Brot unter die Schürze, weil Hänsel die Steine in der Tasche hatte, dann machten sie sich auf den Weg in den Wald hinein. Wie sie ein Weilchen gegangen waren, stand Hänsel still und guckte nach dem Haus zurück, bald darauf wieder und immer wieder. Der Vater sprach: »Hänsel, was guckst du zurück und hältst dich auf, hab acht und marschier zu.« – »Ach, Vatter, ich seh nach meinem weißen Kätzchen, das sitzt oben auf dem Dach und will mir Ade sagen.«

Die Mutter sprach: »Ei Narr, das ist dein Kätzchen nicht, das ist die Morgensonne, die auf den Schornstein scheint.« Hänsel aber hatte nicht nach dem Kätzchen gesehen, sondern immer einen von den blanken Kieselsteinen aus seiner Tasche auf den Weg geworfen.

Wie sie mitten in den Wald gekommen waren, sprach der Vater: »Nun sammelt Holz, ihr Kinder, ich will ein Feuer anmachen, dass wir nicht frieren.« Hänsel und Gretel trugen Reisig zusammen, einen kleinen Berg hoch. Da steckten sie es an, und wie die Flamme recht groß brannte, sagte die Mutter: »Nun legt euch ans Feuer und schlaft, wir wollen in dem Wald das Holz fällen, wartet, bis wir wiederkommen und euch abholen.«

Hänsel und Gretel saßen an dem Feuer bis Mittag, da aß jedes sein Stücklein Brot, und dann wieder bis an den Abend; aber Vater und Mutter blieben aus, und niemand wollte kommen und sie abholen. Wie es nun finstere Nacht wurde, fing Gretel an zu weinen, Hänsel aber sprach: »Wart nur ein Weilchen, bis der Mond aufgegangen ist.« Und als der Mond aufgegangen war, fasste er die Gretel bei der Hand, da lagen die Kieselsteine wie neugeschlagene Batzen und schimmerten und zeigten ihnen den Weg. Da gingen sie die ganze Nacht durch, und wie es Morgen war, kamen sie wieder bei ihres Vaters Haus an. Der Vater freute sich von Herzen, als er seine Kinder wiedersah, denn er hatte sie ungern allein gelassen, die Mutter stellte sich auch, als wenn sie sich freute, heimlich aber war sie bös.

Nicht lange darnach, war wieder kein Brot im Hause, und Hänsel und Gretel hörten, wie abends die Mutter zum Vater sagte: »Einmal haben die Kinder den Weg zurückgefunden, und da habe ich's gut sein lassen, aber jetzt ist wieder nichts, als nur noch ein halber Laib Brot im Haus, du musst sie morgen tiefer in den Wald führen, dass sie nicht wieder heim kommen können, es ist sonst keine Hülfe für uns mehr.« Dem Mann fiel's schwer aufs Herz, und er gedachte, es wäre doch besser, wenn du den letzten Bissen mit deinen Kindern teiltest, weil er es aber einmal getan hatte, so durfte er nicht nein sagen. Hänsel und Gretel hörten das Gespräch der Eltern; Hänsel stand auf und wollte wieder Kieselsteine auflesen, wie er aber an die Türe kam, da hatte sie die Mutter zugeschlossen. Doch tröstete er die Gretel und sprach: »Schlaf nur, lieb Gretel, der liebe Gott wird uns schon helfen.«

Morgens früh erhielten sie ihr Stücklein Brot, noch kleiner als das vorige Mal. Auf dem Wege bröckelte es Hänsel in der Tasche, stand oft still, und warf ein Bröcklein an die Erde. »Was bleibst du immer stehen, Hänsel, und guckst dich um«, sagte der Vater, »geh deiner Wege.« – »Ach! ich seh nach meinem Täubchen, das sitzt auf dem Dach und will mir Ade sagen« – »Du Narr, sagte die Mutter, das ist dein Täubchen nicht, das ist die Morgensonne, die auf den Schornstein oben scheint.« Hänsel aber zerbröckelte all sein Brot und warf die Bröcklein auf den Weg.

Die Mutter führte sie noch tiefer in den Wald hinein, wo sie ihr Lebtag nicht gewesen waren, da sollten sie wieder einschlafen bei einem großen Feuer, und abends wollten die Eltern kommen und sie abholen. Zu Mittag teilte Gretel ihr Brot mit Hänsel, weil der seins all auf den Weg gestreut; der Mittag verging und der Abend verging, aber niemand kam zu den armen Kindern. Hänsel tröstete die Gretel und sagte: »Wart, wenn der Mond aufgeht, dann seh ich die Bröcklein Brot, die ich ausgestreut habe, die zeigen uns den Weg nach Haus.« Der Mond ging auf, wie aber Hänsel nach den Bröcklein sah, da waren sie weg, die viel Tausend Vöglein in dem Wald, die hatten sie gefunden und aufgepickt. Hänsel meinte doch den Weg nach Haus zu finden und zog die Gretel mit sich, aber sie verirrten sich bald in der großen Wildnis und gingen die Nacht und den ganzen Tag, da schliefen sie vor Müdigkeit ein; und gingen noch einen Tag, aber sie kamen nicht aus den Wald heraus, und waren so hungrig, denn sie hatten nichts zu essen, als ein paar kleine Beerlein, die auf der Erde standen.

Am dritten Tage gingen sie wieder bis zu Mittag, da kamen sie an ein Häuslein, das war ganz aus Brot gebaut und war mit Kuchen gedeckt, und die Fenster waren von hellem Zucker. »Da wollen wir uns niedersetzen und uns satt essen«, sagte Hänsel. »Ich will vom Dach essen, iss du vom Fenster, Gretel, das ist fein süß für dich.« Hänsel hatte schon ein gut Stück vom Dach und Gretel schon ein paar runde Fensterscheiben gegessen und brach sich eben eine neue aus, da hörten sie eine feine Stimme, die von innen herausrief:

»Knuper, knuper, kneischen!
Wer knupert an meinem Häuschen?«

Hänsel und Gretel erschraken so gewaltig, dass sie fallenließen, was sie in der Hand hielten, und gleich darauf sahen sie aus der Türe eine kleine steinalte Frau schleichen. Sie wackelte mit dem Kopf und sagte: »Ei, ihr lieben Kinder, wo seid ihr denn hergelaufen, kommt herein mit mir, ihr sollt es gut haben«, fasste beide an der Hand und führte sie in ihr Häuschen. Da ward gutes Essen aufgetragen, Milch und Pfannkuchen mit Zucker, Äpfel und Nüsse, und dann wurden zwei schöne Bettlein bereitet, da legten sich Hänsel und Gretel hinein und meinten sie wären wie im Himmel.

Die Alte aber war eine böse Hexe, die lauerte den Kindern auf und hatte, um sie zu locken, ihr Brothäuslein gebaut, und wenn eins in ihre Gewalt kam, da machte sie es tot, kochte es und aß es, und das war ihr ein Festtag. Da war sie nun recht froh, wie Hänsel und Gretel ihr zugelaufen kamen. Früh, ehe sie noch erwacht waren, stand sie schon auf, ging an ihre Bettlein und, wie sie die zwei so lieblich ruhen sah, freute sie sich und gedachte, das wird ein guter Bissen für dich sein. Sie packte Hänsel und steckte ihn in einen kleinen Stall, und wie er da aufwachte, war er von einem Gitter umschlossen, wie man junge Hühnlein einsperrt, und konnte nur ein paar Schritte gehen. Das Gretel aber schüttelte sie und rief: »Steh auf, du Faulenzerin, hol Wasser und geh in die Küche und koch gut zu essen, dort steckt dein Bruder in einem Stall, den will ich erst fett machen, und wann er fett ist, dann will ich ihn essen, jetzt sollst du ihn füttern.« Gretel erschrak und weinte, musste aber tun, was die Hexe verlangte. Da ward nun alle Tage dem Hänsel das beste Essen gekocht, dass er fett werden sollte, Gretel aber bekam nichts als die Krebsschalen, und alle Tage kam die Alte und sagte: »Hänsel, streck deine Finger heraus, dass ich fühle, ob du bald fett genug bist.« Hänsel streckte ihr aber immer ein Knöchlein heraus, da verwunderte sie sich, dass er gar nicht zunehmen wolle.

Nach vier Wochen sagte sie eines Abends zu Gretel: »Sei flink, geh und trag Wasser herbei, dein Brüderchen mag nun fett genug sein oder nicht, morgen will ich es schlachten und sieden, ich will derweil den Teig anmachen, dass wir auch dazu backen können.« Da ging Gretel mit traurigem Herzen und trug das Wasser, worin Hänsel sollte gesotten werden. Früh morgens musste Gretel aufstehen, Feuer anmachen und den Kessel mit Wasser aufhängen. »Gib nun acht, bis es siedet«, sagte die Hexe, »ich will Feuer in den Backofen machen und das Brot hineinschieben;« Gretel stand in der Küche und weinte blutige Tränen und dachte, hätten uns lieber die wilden Tiere im Walde gefressen, so wären wir zusammen gestorben und müssten nun nicht das Herzeleid tragen, und ich müsste nicht selber das Wasser zu dem Tod meines lieben Bruders sieden. Du lieber Gott, hilf uns armen Kindern aus der Not.«

Da rief die Alte: »Gretel komm gleich einmal hierher zu dem Backofen!« Wie Gretel kam, sagte sie: »Guck hinein, ob das Brod schon hübsch braun und gar ist, meine Augen sind schwach, ich kann nicht so weit sehen, und wenn du auch nicht kannst, so setz dich auf das Brett, so will ich dich hineinschieben, da kannst du darin herumgehen und nachsehen.« Wenn aber Gretel darin war, da wollte sie zumachen und Gretel sollte in dem heißen Ofen backen, und sie wollte es auch aufessen: das dachte die böse Hexe, und darum hatte sie das Gretel gerufen. Gott gab es aber Gretel ein, und sie sagte: »Ich weiß nicht, wie ich das anfangen soll, zeig mir's erst, setz dich drauf, ich will dich hineinschieben.« Und die Alte setzte sich auf das Brett, und weil sie leicht war, schob sie Gretel hinein soweit sie konnte, und dann machte sie geschwind die Türe zu, und steckte den eisernen Riegel vor. Da fing die Alte an in dem heißen Backofen zu schreien und zu jammern, Gretel aber lief fort, und sie musste elendiglich verbrennen.

Und Gretel lief zum Hänsel, machte ihm sein Türchen auf und Hänsel sprang heraus, und sie küssten einander und waren froh. Das ganze Häuschen war voll von Edelgesteinen und Perlen, davon füllten sie ihre Taschen, gingen fort und fanden den Weg nach Haus. Der Vater freute sich, als er sie wiedersah, er hatte keinen vergnügten Tag gehabt, seit seine Kinder fort waren, und ward nun ein reicher Mann. Die Mutter aber war gestorben.

Die Inkarnation von Geist und Seele

Hänsel und Gretel ist wohl das bekannteste Märchen der Gebrüder Grimm, und es verwundert ein wenig, dass es bisher von Disney nie adaptiert wurde. Das Märchen zeigt nichts weniger als den Lebensweg des Menschen, wobei das Grundmotiv zur Zeit der Aufzeichnung des Märchens durch die Gebrüder Grimm schon sehr patriarchal gefärbt war.

Hänsel und Gretel sind Geschwister, ein deutliches Symbol dafür, dass sie eigentlich eins sind. Sie repräsentieren die zwei Seiten der Seele: den »männlichen« Verstand und das »weibliche« Gefühl. Wir können sie auch als Geist und Seele des Menschen sehen, die gemeinsam das Bewusstsein bilden.

Zunächst leben Hänsel und Gretel paradiesisch »in des Vaters Haus«. Im christlichen Sinne meint dies »bei Gott«. Es ist der Zustand vor der Inkarnation. Doch das Bewusstsein hat noch keine Erfahrungen gesammelt, es »ist arm«. Darum müssen die »Geschwister« – Geist und Seele – sich inkarnieren.

Auf wunderbare Weise weist das Märchen auf mehrere Lebenswege hin. Beim ersten Mal werden die Kinder im Wald alleingelassen. Sie fühlen sich verloren im Wald. Die Symbolik des Waldes ist – darauf wies schon C.G. Jung hin – eng mit unserem kollektiven Unbewussten verbunden. Die Geist-Seele verliert sich in dieser frühen Phase des Inkarnationsprozesses fast darin. Doch glatte helle Kieselsteine weisen den Kindern den Weg zurück zum »Haus des Vaters«. Es sind nicht zufällig Steine. Edelsteinen gleich – glattpoliert und glänzend, – weisen ihnen diese Symbole der durchgeistigten Materie – also die hier noch enge Verbindung des Menschen mit der Erde als Wesen – den Weg zurück ins Paradies.

Doch wieder werden die Kinder hinausgeschickt. Die Menschheit hat inzwischen die innige Verbindung zum Geist der Erde verloren. Nur Brotkrumen bleiben den Geschwistern, um ihren Rückweg zu markieren. Die Menschheit hat ihr Verständnis von der Erde stark ans Physische gebunden. Sie versteht nicht, dass die Erde und der Lebensweg auf und mit ihr auch ein geistiger ist. Es erscheinen Vögel und picken die Brotkrumen auf. Vögel als die das Luftelement belebenden Geschöpfe, die sich scheinbar frei zwischen *der Mittleren Welt* und der *Oberen Welt* bewegen können, galten seit jeher als ein Sinnbild der Seele. Löcher im Giebelbereich alter Häuser, durch die Vögel ein- und ausfliegen konnten, galten als »Seelenlöcher«. Auch im Indianischen Raum ist die Symbolik des Vogels als Seelentier gegenwärtig: »Die Vögel verlassen die Erde mit ihren Flügeln. Auch die Menschen können die Erde verlassen, zwar nicht mit Flügeln, aber mit ihrem Geist«, so der Sioux Hehaka Sapa. Die Brotkrumen werden nicht von ungefähr von den »Seelentieren«, den Vögeln, aufgepickt. Die Seele hungert nach der Essenz der physischen Erfahrung, aber verliert sich in der Materie, wenn der geistige Aspekt der Existenz nicht mehr verstanden wird. Das Bewusstsein des Menschen hat durch seine Ausrichtung auf die Materie die geistige Ebene verloren und findet so den Rückweg nicht. Immer tiefer geraten die Kinder in den Wald...

...und dennoch bleiben sie nicht ohne Führung. Vor Hunger schwach, führt sie in einer anderen Märchenversion wiederum ein Vöglein zum Knusperhaus. Ein Teil ihrer Seele – wenn auch unbewusst – kennt noch die Wege und kann Hilfe anbieten. Das Haus bietet Nahrung in Hülle und Fülle. Es ist – wie das Haus des Vaters – ein Paradies, doch nur ein materielles. Die Hexe tritt hier als eine Große Mutter, als Magna Mater, als Göttin auf. Ich bin überzeugt, dass sich das Märchen – sagen wir vierhundert Jahre vor den Gebrüdern Grimm – sich an dieser Stelle noch anders anhörte. Den Kindern fehlt es an nichts, doch sie verlieren sich völlig im materiellen Überfluss. Kann es ein besseres Symbol geben für den Zustand, in dem sich die Menschheit aktuell befindet? Der materielle Überfluss, das Haus aus Zucker und Lebkuchen, wird zum Gefängnis der Kinder, zum Gefängnis des Bewusstseins. Sie sperren sich sozusagen selbst ein und werden zu Sklaven ihrer Unfähigkeit, anderes als dieses Haus zu sehen. Sie haben reichlich zu essen. Hänsel wird schließlich beständig geprüft, ob er »auch fett wäre«, doch der Geist (Hänsel) verbringt seine Tage hinter Gittern. Es ist der weibliche Seelenanteil, Gretel, der die Geist-Seele erlösen muss.

Der beherzte Stoß Gretels der Hexe in den Ofen, ein Akt der Transformation, gleicht der Tötung einer grundlegenden Überzeugung: dass es im Leben nur auf materiellen Besitz ankäme. Die Sehnsucht der Seele nach einer höheren Wahrheit ist es, die die Menschheit befähigt, diesen radikalen Schritt zu gehen. Kaum haben sie sich von der Scheinwirklichkeit getrennt, erkennen die Kinder, dass das Haus voller Edelsteine ist. Erst jetzt bemerken sie, dass das Haus keinesfalls immer nur materiell war, sondern auch geistige Schätze birgt. Sie nehmen davon, soviel sie tragen können. Satt an Erfahrungen und gewachsen an Bewusstheit, wollen Sie zurückkehren.

In der Version des Märchens von 1819 versperrt aber ein Fluss den Weg zurück ins Paradies. Dem Unterweltsstrom Styx gleich, trennt ein Wasser sie vom letzten Schritt ihres Bewusstseinsweges: der Tod. Eine weiße Ente trägt sie, dem Fährmann gleich, einzeln hinüber.

Hier – im »Haus des Vaters« – können sie ihre Schätze betrachten und sich daran erfreuen. Es herrscht keine (Bewusstseins-)Armut mehr, denn die Geist-Seele des Menschen hat sich auf ihrem Inkarnationsweg fortentwickelt.

So schildert »Hänsel und Gretel« den kollektiven Bewusstseinsweg der Menschheit ebenso wie den individuellen Inkarnationsweg: das sich Verlieren in der Materie ebenso wie das Erkennen ihrer geistigen Schätze, und so ist der Weg zurück zum Vater letztendlich auch ein Weg zurück zur Großen Mutter.

Die goldene Gans

Ein Mann, der hatte drei Söhne. Der jüngste von ihnen hieß Dummling, und er wurde verachtet, verspottet und bei jeder Gelegenheit zurückgesetzt. Eines Tages geschah es, dass der älteste Sohn in den Wald gehen wollte, um Holz zu hauen. Ehe er ging, gab ihm seine

Mutter noch einen schönen feinen Eierkuchen und eine Flasche Wein mit auf den Weg, damit er auf dem Weg nicht Hunger und Durst litte.

Als er in den Wald kam, begegnete ihm ein altes, graues Männlein, das bot ihm einen guten Tag und sprach:

»Gib mir doch ein Stück von dem Kuchen aus deiner Tasche und lass mich einen Schluck von deinem Wein trinken. Ich bin so hungrig und durstig.«

Der kluge Sohn aber antwortete: »Geb ich dir meinen Kuchen und meinen Wein, so hab ich selber nichts, pack dich deiner Wege«, ließ das Männlein stehen und ging fort. Als er nun anfing einen Baum zu behauen, dauerte es nicht lange, so hieb er fehl, und die Axt fuhr ihm in den Arm, dass er heimgehen musste und sich verbinden lassen. Das aber war von dem grauen Männlein gekommen.

Darauf ging der zweite Sohn in den Wald, und die Mutter gab ihm, wie dem ältesten, einen Eierkuchen und eine Flasche Wein. Dem begegnete ebenfalls das alte, graue Männlein und hielt um ein Stückchen Kuchen und einen Trunk Wein an. Aber der zweite Sohn sprach auch ganz verständig: »Was ich dir gebe, das geht mir selber ab. Also pack dich deiner Wege!« ließ das Männlein stehen und ging fort. Die Strafe blieb nicht aus. Als er ein paar Hiebe am Baum getan hatte, hieb er sich ins Bein, so dass er nach Haus getragen werden musste.

Da sagte der Dummling: »Vater, lass mich einmal hinausgehen und Holz hauen.« Antwortete der Vater: »Deine Brüder haben sich Schaden dabei getan. Lass ab davon, denn du verstehst nichts davon.« Der Dummling aber bat so lange, bis er endlich sagte: »Geh nur hin, durch Schaden wirst du klug werden.«

Die Mutter gab ihm einen Kuchen, der war mit Wasser in der Asche gebacken, und dazu eine Flasche saueres Bier. Als er in den Wald kam, begegnete ihm gleichfalls das alte, graue Männlein, grüßte ihn und sprach: »Gib mir ein Stück von deinem Kuchen und einen Trunk aus deiner Flasche, ich bin so hungrig und durstig.«

Antwortete der Dummling: »Ich habe aber nur Aschenkuchen und saueres Bier, wenn dir das recht ist, so wollen wir uns setzen und essen.«

Da setzten sie sich, und als der Dummling seinen Aschenkuchen herausholte, so war's ein feiner Eierkuchen, und das sauere Bier war ein guter Wein. Nun aßen und tranken sie, und danach sprach das Männlein: »Weil du ein gutes Herz hast und von dem Deinigen gerne teilst, so will ich dir Glück bescheren. Dort steht ein alter Baum, den hau ab, so wirst du in den Wurzeln etwas finden.«

Darauf nahm das Männlein Abschied. Der Dummling ging hin und hieb den Baum um, und wie er fiel, saß in den Wurzeln eine Gans, die hatte Federn von reinem Gold. Er hob sie heraus, nahm sie mit sich und ging in ein Wirtshaus, da wollte er übernachten. Der Wirt hatte aber drei Töchter, die sahen die goldene Gans, waren neugierig, was das für ein wunderlicher Vogel wäre, und hätten gar gern eine von seinen goldenen Federn gehabt. Die älteste dachte: »Es wird sich schon eine Gelegenheit finden, wo ich mir eine Feder ausziehen kann«, und als der Dummling einmal hinausgegangen war, fasste sie die Goldene Gans beim Flügel, aber Finger und Hand blieben ihr daran hängen. Bald danach kam die zweite und hatte ebenso keinen andern Gedanken, als sich eine goldene Feder zu holen. Kaum aber hatte sie ihre Schwester angerührt, so blieb auch sie festhängen. Endlich kam auch die dritte in gleicher Absicht. Da schrien die anderen: »Bleib weg, um Himmelswillen, bleib weg!« Aber sie begriff nicht, warum sie wegbleiben sollte, und dachte: »Sind die dabei, so kann ich auch dabei sein«, und sprang herzu. Aber wie sie ihre Schwester angerührt hatte, so blieb auch sie an ihr hängen. So mussten sie die Nacht bei der Goldenen Gans zubringen. Am andern Morgen nahm der Dummling die Goldene Gans in den Arm, ging fort, und bekümmerte sich nicht um die drei Mädchen, die daran hingen. Sie mussten immer hinter ihm drein laufen, links und rechts, wies ihm in die Beine kam. Mitten auf dem Felde begegnete ihnen der Pfarrer. Als er den Aufzug sah, sprach er: »Schämt euch, ihr garstigen Mädchen? Was lauft ihr dem jungen Burschen durchs Feld nach! Schickt sich das?«

Damit fasste er die jüngste an der Hand und wollte sie zurückziehen, doch wie er sie anrührte, blieb er ebenfalls hängen und musste selber hinterdrein laufen. Nicht lange, so kam der Küster daher und sah den Herrn Pfarrer, der drei Mädchen auf dem Fuß folgte. Da verwunderte er sich und rief: »Ei, Herr Pfarrer, wo hinaus so geschwind? Vergesst nicht, dass wir heute noch eine Taufe haben«, lief auf ihn zu und fasste ihn am Ärmel, blieb aber auch hängen. Wie die fünf so hintereinander her trabten, kamen zwei Bauern mit ihren Hacken vom Feld. Da rief der Pfarrer sie an und bat, sie möchten ihn und den Küster losmachen. Kaum aber hatten sie den Küster angerührt, so blieben auch sie hängen. Nun waren es ihrer sieben, die dem Dummling mit der Goldenen Gans nachliefen.

Alsbald kamen sie in eine Stadt. In dieser Stadt herrschte ein König, der hatte eine Tochter, die so ernsthaft war, dass niemand sie zum Lachen bringen konnte. Aus diesem Grunde hatte er ein Gesetz erlassen, dass der sie zum Lachen bringen könne, sie heiraten sollte. Der Dummling, als er das hörte, ging mit seiner goldenen Gans und ihrem Anhang vor die Königstochter. Als diese die sieben Menschen immer hinter einander herlaufen sah, fing sie lauthals zu lachen an und wollte gar nicht wieder aufhören.

Da verlangte sie der Dummling zur Braut. Doch dem König gefiel der Schwiegersohn nicht, und er machte allerlei Einwendungen. Er sagte, der Dummling müsste ihm erst einen Mann bringen, der einen Keller voll Wein austrinken könnte. Dieser dachte an das graue Männlein, das ihm wohl helfen könnte und ging hinaus in den Wald.

An der Stelle, wo er den Baum abgehauen hatte, sah er einen Mann sitzen, der machte ein ganz betrübtes Gesicht. Der Dummling fragte, was er sich so sehr zu Herzen nähme. Da antwortete er: »Ich habe einen so großen Durst und kann ihn nicht löschen. Kaltes Wasser vertrage ich nicht, ein Fass Wein habe ich zwar geleert, aber was ist ein Tropfen auf einem heißen Stein?«

»Da kann ich dir helfen«, sagte der Dummling, »komm nur mit mir, du sollst satt haben.«

Er führte ihn darauf in des Königs Keller, und der Mann machte sich über die großen Fässer, trank und trank, dass ihm die Hüften weh taten, und ehe ein Tag herum war, hatte er den ganzen Keller ausgetrunken. Der Dummling verlangte abermals seine Braut, doch der König ärgerte sich, dass ein so schlechter Bursche, den jedermann einen Dummling nannte, seine Tochter davontragen sollte, und machte neue Bedingungen.

Diesmal musste er erst einen Mann herbeischaffen, der einen Berg voll Brot aufessen könnte. Der Dummling besann sich nicht lange, sondern ging gleich hinaus in den Wald. Dort saß auf demselben Platz ein Mann, der schnürte sich den Leib mit einem Riemen zusammen, machte ein grämliches Gesicht, und sagte: »Ich habe einen ganzen Backofen voll Raspelbrot gegessen, aber was hilft das, wenn man so großen Hunger hat, wie ich: Mein Magen bleibt leer, und ich muss mich nur zuschnüren, wenn ich nicht Hungers sterben soll.«

Der Dummling war froh darüber und sprach: »Mach dich auf und geh mit mir, du sollst dich satt essen!«

Er führte ihn an des Königs Hof. Dieser hatte alles Mehl aus dem ganzen Reich herbringen und einen ungeheuren Berg Brot davon backen lassen. Doch der Mann aus dem Walde stellte sich davor, fing an zu essen, und in einem Tag war das ganze Brot verschwunden. Der Dummling forderte zum dritten Mal seine Braut, aber der König suchte noch einmal Ausflucht und verlangte ein Schiff, das zu Wasser und zu Lande fahren könnte:

»So wie du aber damit angesegelt kommst«, sagte er, »so sollst du gleich meine Tochter zur Frau haben.«

Der Dummling ging geradewegs in den Wald. Dort saß wieder das alte graue Männlein, dem er seinen Kuchen gegeben hatte, und sagte: »Ich habe für dich getrunken und gegessen, ich will dir auch das Schiff geben. Das alles tue ich, weil du barmherzig mir gegenüber gewesen bist.«

Er gab ihm das Schiff, das zu Land und zu Wasser fahren konnte. Als der König das sah, konnte er ihm seine Tochter nicht länger vorenthalten. Die Hochzeit ward gefeiert, nach des Königs Tod erbte der Dummling das Reich und lebte lange Zeit vergnügt mit seiner Gemahlin.

Die Gefahr der Inkarnation

Um den mythologischen Gehalt des Märchens »Die goldene Gans« zu verstehen, müssen wir zunächst das namengebende Hauptsymbol betrachten: Die Gans ist ein sehr altes Götter-Symbol. Im ägyptischen Schöpungsmythos ist es eine Ur-Gans, die das Weltenei legt, aus dem die Sonne – verkörpert durch Amon-Re – schlüpft. Die Gans war daher in Ägypten auch ein Attribut des Erdgottes Geb. In der mythologischen Vorstellung ist es die Erde, die die Sonne – das goldene Ei – gebiert und somit Bewusstsein hervorbringt. Viele andere Götter haben daher auch die Gans als Attribut, meist sind es Göttinnen: Nemesis, die Schützerin der Natur (die die menschliche Selbstüberschätzung bestraft), Aphrodite, Göttin der Fruchtbarkeit und des Eros, Hulda in der germanischen Mythologie und damit dann auch Frau Holle und viele andere. Die goldene Gans muss daher eindeutig als die Urkraft, die bewusstseinsbringende Kraft der Göttin selbst, der Erde, betrachtet werden.

Es ist somit nicht verwunderlich, dass es ein »Männlein im Walde« ist, das die drei Brüder mit einer Bitte um Nahrung prüft, ob sie seelisch rein sind. Der »Wilde Mann« ist der Gefährte der Erdgöttin. In diesem Falle ein Bote. Verwunderlich ist daher auch nicht, dass die goldene Gans unter einer Wurzel, also *in* der Erde, verwurzelt, verbunden mit ihr, gefunden wird.

Die ersten beiden Brüder denken rational: *Was ich dir gebe, das geht mir selber ab. Also pack dich deiner Wege!* rufen sie dem Männlein zu, das um Nahrung bittet. Ihre Ausrichtung ist eine kausal-wirtschaftliche, eine ökonomische. Die Empathie, das mitfühlende Wesen, haben sie durch das mentale Denken verschlossen. Der »Dummling« ist es, dessen Herz noch weit offen ist und der bereitwillig das, was er besitzt, teilt. Heute wird dieser Charakterzug gerne als »Gutmensch« verspottet. Er symbolisiert die innere Unversehrtheit der Seele. Wie Parzival ist er ein »Kind der Natur«. Rational-logisch scheint er dumm zu sein, doch er lebt aus dem *Ist*-Zustand heraus. So steht er dem Archetyp des Kindes nahe, ebenso wie dem »Trickster« (dem Narren), der innerlich ganz mit der Anderswelt verbunden ist. So gesehen ist der »Dummling« ein Schamane, ein Wesen, das die Bewusstseinskraft der Erde erkennt und daher auch die goldene Gans in den Wurzeln entdecken kann.

Mit der goldenen Gans begibt sich der Dummling in ein Wirtshaus, und natürlich ergreift die Gier die Töchter des Wirtes. Doch sie bleiben an der Gans beziehungsweise an einander kleben. Es ist die bindende Kraft des Bewusstseins, das hier auf materiellen Gewinn ausgerichtet ist. Sie wirkt wie eine Sucht nach »immer mehr«, was unsere ganzheitliche Bewusstseinskraft einengt. Darum bleiben die Töchter kleben. *Am andern Morgen nahm der Dummling die goldene Gans in den Arm, ging fort und bekümmerte sich nicht um die drei Mädchen, die daran hingen. Sie mussten immer hinter ihm drein laufen, links und rechts, wie's ihm in die Beine kam.*

Doch nicht nur die materielle Ausrichtung, auch die menschliche Moral (nicht Ethik!), religiöse Vorstellungen engen unser freies Bewusstsein ein, zu dessen Entwicklung die Göttin Erde (goldene Gans) einlädt. Darum bleibt auch der Pfarrer hängen, als er die Mädchen von der scheinbar unzüchtigen »Verehrung der Erotik, des Göttlich-Weiblichen«, abbringen will: *Schämt euch, ihr garstigen Mädchen? Was lauft ihr dem jungen Burschen durchs Feld nach! Schickt sich das?*

Schließlich bleibt auch der Küster hängen, dessen Bewusstsein durch die menschengemachten Termine, die Vertaktung der Zeit gebunden ist: *Ei, Herr Pfarrer, wo hinaus so geschwind? Vergesst nicht, dass wir heute noch eine Taufe haben.* Als schließlich auch noch zwei Bauern – Symbole der Arbeit – hängenbleiben, sind es schließlich sieben Menschen, die an der goldenen Gans kleben.

Sieben (klassische) Planetensphären sind es, die beim Inkarnationsprozess durchlaufen werden. Jede Sphäre schenkt dem Menschen einen Seelen- und Bewusstseinsanteil. 38 x 7 Tage dauert die menschliche Schwangerschaft. Alle sieben Seelenanteile der sieben klassischen Planeten sind gebunden, weil sie nicht ganzheitlich gelebt werden. Nur der »Dummling«, der »Schamane«, bleibt Herr über alle Ebenen der Seele und bleibt freiwillig mit der Kraft der Göttin verbunden. Er will die Königstochter gewinnen und damit die seelische Königswürde selbst.

Drei Aufgaben muss er dazu bewältigen: Körper, Seele und Geist in Einklang bringen: Einen Berg von Brot essen (Körper), einen Keller voll Wein leertrinken (Seele) und schließlich ein Schiff finden, das zu Lande und zu Wasser fahren kann (Geist). Es ist unschwer zu erkennen, dass es wieder der Bote der Göttin ist, der, in verschiedenartiger Gestalt, stets an derselben Stelle im Wald sitzend, ihm hilft, die drei Aufgaben zu meistern. Zuletzt beschafft der »Wilde Mann« ihm auch das Schiff, das zu Lande und zu Wasser fahren kann. Erkennen wir darin nicht wiederum die Gans selbst? Ein Wesen, das fliegt, das im Wasser schwimmt und auf dem Lande geht? Der Geist (Luftelement, Vogel) verbindet sich im Bild der Gans beziehungsweise des Schiffes, das vom Wind angetrieben zu Lande und zu Wasser fährt, mit Körper (Erde) und Seele (Wasser). Da der »Dummling« bereits im Besitz der goldenen Gans ist, der ganzheitlichen Bewusstseinskraft der Göttin Erde, der bewusst durchlebten Inkarnation, vereint er Körper, Seele und Geist und erlangt so die Königswürde.

Das Märchen »Die goldene Gans« ist der Mythos um die Gefahr der Inkarnation, sich mit seinem Bewusstsein in der Außenwelt zu verlieren (Materialismus, religiöse Vorschriften, Terminpläne, Arbeit...) und um den lösenden Weg: die ganzheitliche Bewusstseinskraft der Erde als göttliches Wesen zu nutzen und das Leben selbst als heiligen Prozess zu verstehen.

Der Froschkönig oder Der eiserne Heinrich

In den alten Zeiten lebte ein König, dessen Töchter waren alle schön; aber die jüngste war so schön, dass sich die Sonne selber, die doch schon so vieles gesehen hat, verwunderte, sooft sie ihr ins Gesicht schien. Nahe bei dem Schlosse des Königs lag ein großer, dunkler Wald, und in dem Walde unter einer alten Linde war ein Brunnen. Wenn nun der Tag sehr heiß war, ging das Königskind hinaus in den Wald und setzte sich an den Rand des kühlen Brunnens, und wenn sie Langeweile hatte, nahm sie eine goldene Kugel, warf sie in die Höhe und fing sie wieder; und das war ihr liebstes Spielwerk. Einmal war die Kugel gar hoch geflogen, sie hatte die Hand schon ausgestreckt und die Finger gekrümmt, um sie wieder zu fangen, da schlug sie neben vorbei auf die Erde, rollte und rollte und geradezu in das Wasser hinein.

Die Königstochter blickte ihr erschrocken nach, der Brunnen war aber so tief, dass kein Grund zu sehen war. Da fing sie an, jämmerlich zu weinen und zu klagen: »Ach! Wenn ich meine Kugel wieder hätte, da wollt' ich alles darum geben, meine Kleider, meine Edelgesteine, meine Perlen und was es auf der Welt nur wär'.« Wie sie so klagte, steckte ein Frosch seinen Kopf aus dem Wasser und sprach: »Königstochter, was jammerst du so erbärmlich?« – »Ach«, sagte sie, »du garstiger Frosch, was kannst du mir helfen! Meine goldne Kugel ist mir in den Brunnen gefallen.« – Der Frosch sprach: »Deine Perlen, deine Edelgesteine und deine Kleider, die verlang ich nicht, aber wenn du mich zum Gesellen annehmen willst, und ich soll neben dir sitzen und von deinem goldnen Tellerlein essen und in deinem Bettlein schlafen und du willst mich wert und lieb haben, so will ich dir deine Kugel wiederbringen.« Die Königstochter dachte, was schwätzt der einfältige Frosch wohl, der muss doch in seinem Wasser bleiben, vielleicht aber kann er mir meine Kugel holen, da will ich nur ja sagen; und sagte: »Ja, meinetwegen, schaff mir nur erst die goldne Kugel wieder, es soll dir alles versprochen sein.« Der Frosch steckte seinen Kopf unter das Wasser und tauchte hinab, es dauerte auch nicht lange, so kam er wieder in die Höhe, hatte die Kugel im Maul und warf sie ans Land. Wie die Königstochter ihre Kugel wieder erblickte, lief sie geschwind darauf zu, hob sie auf und war so froh, sie wieder in ihrer Hand zu halten, dass sie an nichts weiter gedachte, sondern damit nach Haus eilte. Der Frosch rief ihr nach: »Warte, Königstochter, und nimm mich mit, wie du versprochen hast!« Aber sie hörte nicht darauf.

Am andern Tage saß die Königstochter an der Tafel, da hörte sie etwas die Marmortreppe heraufkommen, plitsch, platsch! plitsch, platsch! bald darauf klopfte es auch an der Türe und rief: »Königstochter, jüngste, mach mir auf!« Sie lief hin und machte die Türe auf, da war es der Frosch, an den sie nicht mehr gedacht hatte; ganz erschrocken warf sie die Türe hastig zu und setzte sich wieder an die Tafel. Der König aber sah, dass ihr das Herz klopfte, und sagte: »Warum fürchtest du dich?« – »Da draußen ist ein garstiger Frosch«, sagte sie, »der hat mir meine goldne Kugel aus dem Wasser geholt, ich versprach ihm dafür, er sollte mein Geselle werden, ich glaubte aber nimmermehr, dass er aus seinem Wasser heraus könnte, nun ist er draußen vor der Tür und will herein.« Indem klopfte es zum zweiten Mal und rief:

»Königstochter, jüngste, mach mir auf, weißt du nicht was gestern du zu mir gesagt bei dem kühlen Brunnenwasser? Königstochter, jüngste, mach mir auf.«

Der König sagte: »Was du versprochen hast, musst du halten, geh und mach dem Frosch die Türe auf.« Sie gehorchte, und der Frosch hüpfte herein und ihr auf dem Fuße immer nach, bis zu ihrem Stuhl, und als sie sich wieder gesetzt hatte, da rief er: »Heb mich herauf auf einen Stuhl neben dich.« Die Königstochter wollte nicht, aber der König befahl es ihr. Wie der Frosch oben war, sprach er: »Nun schieb dein goldenes Tellerlein näher, ich will mit dir davon essen.« Das musste sie auch tun. Wie er sich satt gegessen hatte, sagte er: »Nun bin ich müd' und will schlafen, bring mich hinauf in dein Kämmerlein, mach dein Bettlein zurecht, da wollen wir uns hineinlegen.« Die Königstochter erschrak, wie sie das hörte, sie fürchtete sich vor dem kalten Frosch, sie getraute sich nicht, ihn anzurühren, und nun sollte er bei ihr in ihrem Bett liegen; sie fing an zu weinen und wollte durchaus nicht. Da ward der König zornig und befahl ihr bei seiner Ungnade, zu tun, was sie versprochen habe. Es half nichts, sie musste tun, wie ihr Vater wollte, aber sie war bitterböse in ihrem Herzen. Sie packte den Frosch mit zwei Fingern und trug ihn hinauf in ihre Kammer, legte sich ins Bett und statt ihn neben sich zu legen, warf sie ihn – bratsch! – an die Wand; »Da nun wirst du mich in Ruh lassen, du garstiger Frosch!«

Aber der Frosch fiel nicht tot herunter, sondern wie er herab auf das Bett kam, da wars ein schöner junger Prinz. Der war nun ihr lieber Geselle, und sie hielt ihn wert, wie sie versprochen hatte, und sie schliefen vergnügt zusammen ein. Am Morgen aber kam ein prächtiger Wagen mit acht Pferden bespannt, mit Federn geputzt und goldschimmernd, dabei war der treue Heinrich des Prinzen, der hatte sich so betrübt über die Verwandlung desselben, dass er drei eiserne Bande um sein Herz legen musste, damit es vor Traurigkeit nicht zerspringe. Der Prinz setzte sich mit der Königstochter in den Wagen, der treue Diener aber stand hinten auf, so wollten sie in sein Reich fahren. Und wie sie ein Stück Weges gefahren waren, hörte der Prinz hinter sich ein lautes Krachen, da drehte er sich um und rief:

»Heinrich, der Wagen bricht!« –
»Nein Herr, der Wagen nicht,
es ist ein Band von meinem Herzen,
das da lag in großen Schmerzen,
als Ihr in dem Brunnen saßt,
als Ihr ein Frosch wart.«

Noch einmal und noch einmal hörte es der Prinz krachen, und meinte, der Wagen bräche, aber es waren nur die Bande, die vom Herzen des treuen Heinrich absprangen, weil sein Herr erlöst und glücklich war.

Die erneuernde Kraft der Verbindung

»Der Froschkönig oder der eiserne Heinrich« wie das Märchen vollständig heißt, scheint sich oberflächlich wieder moralisierend mit der Hochnäsigkeit der Königstochter auseinanderzusetzen. Doch wie alle Märchen, beruht auch der Froschkönig auf sehr alten Mythen. Auffällig wird dies schon daran, dass die Prinzessin, die in diesem Märchen die Hauptrolle spielt, nicht die einzige Königstochter ist. Vielmehr hat der König drei Töchter. Wie so oft klingt darin die dreifache Göttinnengestalt an: die Schwarze (Alte, Tod), die Rote (Fruchtbarkeitsbringende) und die Weiße (Jugendliche, Reine). Die Weiße Göttin vertritt das Kosmisch-Geistige. Auch mit drei »Himmelskörpern« werden die drei Göttinnen assoziiert: die Schwarze mit der Wandlungskraft des Mondes, die Rote mit der Fruchtbarkeit der Erde und die Weiße mit der Bewusstseinskraft der Sonne. So wundert auch nicht, dass die Königstochter, um die das Märchen sich dreht, die Jüngste ist und mit der Sonne assoziiert wird: *...aber die jüngste war so schön, dass sich die Sonne selber, die doch schon so vieles gesehen hat, verwunderte, sooft sie ihr ins Gesicht schien.* Sie ist ein Symbol für die Weiße Göttin, die Göttin des Lichtes, des Geistes und der kosmischen Kräfte. Wundert es da, dass ihr liebstes Spielzeug eine Kugel, ein Vollkommenheitssymbol aus Gold ist, dem Metall, das der Sonne und dem Bewusstsein zugeordnet wird?

Doch die Königstochter ist traurig und einsam (je nach Märchenfassung hat sie »Langeweile«, also keine Gesellschaft). Alleine sitzt sie oft an einem Brunnen und spielt mit ihrer goldenen Kugel.

Der Brunnen ist ein mehrdeutiges Symbol. Wie auch im Märchen »Frau Holle« stellt er ein Portal in andere Welten, vor allem in die Erde dar. Er ist eine Weltenachse, eine *axis mundi.* Zeitgleich ist Wasser Lebenskraft und Fruchtbarkeit. Indem nun der Königstochter ein Teil ihres Bewusstseins, ihrer sonnenhaften Kraft, die goldene Kugel, in den Brunnen fällt, »befruchtet« sie gleichsam geistig die Erde. Sie, die das »Weiße Prinzip« verkörpernd, fernab des physischen Erdaspektes ihr Dasein hat, verbindet sich über die Weltenachse des Brunnens mit eben jenem physischen Aspekt des Seins, indem sie die Erde mit dem Geist »befruchtet«. Gerade dadurch wird sie sich um so mehr ihrer Einsamkeit bewusst und beginnt, fürchterlich zu weinen.

Mag es ihr Weinen sein oder die goldene Kugel selbst, ihre Handlung »weckt« den Frosch und ruft ihn an die Oberfläche. Auch der Frosch ist – wie letztlich jedes Symbol – mehrdeutig. Frösche sind symbolisch mit Fruchtbarkeit, Erotik und Transformation (von der Kaulquappe zum Frosch) stark verbunden. Die altägyptische froschköpfige Göttin Heket war eine Göttin der Geburt. Selbst einem Embryo ähnelnd, stellt der Frosch das embryonale zu entwickelnde Potential des Menschen dar. Er besitzt mit seinen Fingern und seinem Gesicht bizarre, menschenähnliche Züge. Heket war Tochter des Sonnengottes Re, insofern wundert es nicht, dass der Frosch die Macht besitzt, die goldene Kugel wieder an die Oberfläche zu bringen.

Der Frosch bietet sich zum Tausch seiner Dienste als Tierbräutigam an. Das Bild des Tierbräutigams oder der Tierbraut ist in unterschiedlichsten Variationen in verschiedenen Mythen und Märchen vertreten. Auffällig dabei ist, dass die »Erlösung« aus der Tiergestalt oft über den Tod des Tierkörpers stattfindet oder in der Variation durch einen Schlaf. Es wird so begreiflich, dass auch der Frosch im Bett der Königstochter schlafen will. Stets geschieht die Verwandlung (oder Wiedergeburt) auch durch eine junge Frau. So auch im »Froschkönig«: Die Bewusstseinskraft der Göttin erweckt über eine Wiedergeburt den »wahren Menschen«, den Prinzen.

So erkennen wir im Märchen »Der Froschkönig« jenseits der Moralisierung der Gebrüder Grimm die Kraft der kosmischen Weißen Göttin wieder, die es vermag, die Tiefen der Physis mit Bewusstsein zu erfüllen und geistig zu »befruchten«. Geschieht dies auch im Menschen, so wird er verwandelt. Wendet sich der Mensch dem geistigen Aspekt der Göttin Erde zu und lässt sich von ihrem Bewusstsein durchdringen, so wird er zum »wahren Menschen«, zum Adam Kadmos, zum göttlichen Menschen.

Als der Diener, der »eiserne Heinrich«, dieser Erlösung bewusst wird, springen drei eiserne Bänder von seinem Herzen ab: Das Herz wird auf allen drei Seinsebenen – physisch, emotional und geistig – befreit. So stellt sich »Der Froschkönig« erneut als ein Mythos der Wiedergeburt dar, der sich erneuernden Kraft, wenn sich der Mensch mit dem Bewusstsein der Erde verbindet.

Die Menschheit und ihre Verbindung zur Erde

Unser Verhältnis zur Erde

Es ist uns, denke ich, allen bewusst: Wir entfernen uns mit unserer Kultur von der Erde – mehr und mehr. Unsere »Zuvielisation« hat einen Punkt erreicht, von dem aus die Erde nicht viel mehr ist als ein mechanisches Konstrukt, eine Rohstoffquelle, ein Spekulationsobjekt. Wir haben uns von der Erde abgekoppelt, und ich möchte mir erlauben, dies in wenigen Beispielen näher auszuführen, denn letztlich ist jeder einzelne davon betroffen, ja wirkt daran mit. Diese unsere Abkopplung ist genau betrachtet eine geistig-seelische. Dies drückt sich aus auf verschiedensten Ebenen, von denen hier nur vier kurz angeschnitten werden sollen, um zu zeigen, wie sehr die Abkopplung unseren Alltag durchdringt: die zeitliche und räumliche Abkopplung, die Ernährung und unser Wirtschaftssystem.

Die zeitliche Orientierung gehört mit zu den wichtigsten kulturellen Errungenschaften. Kalender sind ein Ausdruck dieser zeitlichen Ordnung, die uns allen selbstverständlich geworden ist. Die Stunden des Tages und ihre Messung durch immer exaktere Uhren – von der Sanduhr bis zur atomgebundenen Funkuhr – sind ein anderer Ausdruck der tagesgebundenen Rhythmen. Solche Orientierungen sind hilfreich und nützlich.

Doch die zeitliche Ordnung und die Messung der Zeit haben einen Abstraktionsgrad erreicht, der die Messung der Rhythmen über das tatsächliche Erleben erhebt. Wer weiß heute schon noch – ohne Blick in den Kalender – welche Mondphase gerade ist? Die künstliche Beleuchtung macht Sonnenauf- und -untergang zu einer bloßen Anekdote, die für unseren Tagesablauf nur eine – manchmal reizvolle, manchmal lästige – Nebenerscheinung darstellt, ihn aber kaum mehr beeinflusst. Doch der Rhythmus von Hell und Dunkel ist tief in unserem biologischen System verankert. Der Mensch hat sich so weit von der wahren Tagesrhythmik entfernt, dass er glaubt, es wäre eine Stunde länger hell, wenn wir die Uhren auf Sommerzeit umstellen. Doch es ist nicht länger hell! Wir verfälschen nur unseren Zeitmesser. Das technische Instrument der Uhr wird höher bewertet als der wahre, erlebte Erdenrhythmus!

Auch im Jahresverlauf leben wir inzwischen arhythmisch: Im Winter, wenn sich bei uns die Vitalkräfte zurückziehen, sehen wir keinen Anlass mehr, unsere gelebte Dynamik zurückzuschrauben. Gerade vor Weihnachten, vor dem »Tiefpunkt der Sonne« zur Wintersonnwende, wird es besonders hektisch: Geschenkeeinkauf, Dekovorbereitungen und mehrere Advents- und Weihnachtsfeste machen uns Menschen umtriebig – und dies in einer Zeit, in der die Natur ihre Kräfte aus dem Physischen ins Geistige verlagert.

Indem wir Sonnenauf- und untergänge wieder sinnlich erleben, Zeitqualitäten meditativ und rituell erfassen, Jahreskreisfeste feiern oder zum Beispiel eine Sonnenuhr im Garten installieren, können wir eine Brücke zurück in die kosmische Rhythmik finden.

Auch räumlich trennen wir uns immer mehr von der Erde. Der Mensch schiebt eine künstliche Schicht zwischen sich und Gaia. Etwa 46 Prozent der Siedlungsflächen sind versiegelt, also bebaut, betoniert, asphaltiert – Tendenz zunehmend. Individuell schirmen wir uns durch unsere Bekleidung mehr und mehr räumlich von Natur und Erde ab. Elektrisch gesehen ist unser Körper positiv geladen. Er strebt nach einem Ladungsausgleich durch Erdung (die Erde ist negativ geladen). Kunstfasern und vor allem Schuhsohlen trennen uns von diesem Ladungsausgleich ab. Aber letztlich wird dadurch auch eine geistige Beziehung zumindest erschwert.

Auch hier können wir gegenlenken: die Erde unter unseren nackten Füßen spüren, sich ungeschützt in den Regen trauen, einfach oft in die Natur gehen, Bäume umarmen und heilige Begegnungsräume mit der Erde erschaffen. Dies hilft uns, auch mental damit aufzuhören, Erde als »Dreck« zu bezeichnen, der ins Haus getragen wird.

Die Nahrung, die wir zu uns nehmen, ist denaturiert. In den USA zum Beispiel haben viele Menschen noch nicht *ein Mal* im Leben reines Wasser getrunken. Sie trinken zuckerhaltige Softdrinks, Kaffee und selbst das »Wasser« ist mit Kohlensäure, Spuren von Sulfaten und sogar mit Genen versetzt (sogenannte Wateroide). Auch in Deutschland wurden 2016 fast 150 Liter Mineralwasser pro Kopf konsumiert, die meisten davon mit Kohlensäure versetzt. Einmal von den Zusatzstoffen wie Stabilisatoren, Enzyme als Backhilfen, Konservierungsstoffen und so weiter in unserer Nahrung abgesehen, erschaffen wir mit künstlichen Nanogewürzen ein »Plastik für den Magen«.

Indem wir beginnen – vielleicht nur rituell – Nahrung selbst anzubauen und bewusst zu verzehren, was die Erde schenkt, indem wir auf Industrienahrung weitestgehend verzichten und Pflanzen und Tiere, die wir verzehren, wieder beginnen zu ehren, bauen wir neue geistig-seelische Brücken zur Erde. Und letztlich haben wir ein Wirtschaftssystem erschaffen, dass in sich gar nicht anders kann, als den Menschen immer weiter von der Erde zu entfernen: Alles in der Natur hat seine Rhythmen. Eine Pflanze wächst, blüht und gedeiht, um dann zu welken und zu vergehen. Nahrungsmittel haben ihre Haltbarkeit. Sicher, manche Getreidekörner aus Gräbern sind noch nach vielen Hunderten Jahren keimfähig, dennoch unterliegen auch sie letztendlich dem Verfall. Kein harmonisches Wachstum in der Natur wächst unaufhörlich. Wo dies eintritt, befindet sich das entsprechende System in der Krankheit. Krebs ist ein Beispiel für sich unaufhörlich und unkontrolliert vermehrende Zellen: Wenn das Krebswachstum nicht gestoppt wird, stirbt der Organismus.

Genau dieses Grundprinzip des ewigen Wachstums liegt aber unserem Geld- und Wirtschaftssystem zugrunde! Immer weiter wachsender virtueller Zins und Zinseszins ist dafür ursächlich. Wir befinden uns wirtschaftlich gesehen im Krebs im Endstadium. Denn ewiges Wachstum zehrt den Organismus aus, bis wichtige Organe ihre Funktion nicht mehr erfüllen können.

All die Ausbeutung und Zerstörung der Erde betrachtend, ist der Verlust, den wir erleiden, letztlich ein geistiger: Unsere »Zuvielisation« ist in Angst, ja in Panik. Sie führt einen Krieg gegen die Natur. Teil der Natur war stets und wird es immer sein, der Zerfall. In matrifokaler Zeit wurde dieses Werden und Vergehen durch das Prinzip der Schwarzen Göttin ausgedrückt: Alles wächst, vermehrt sich, und schließlich stirbt es und nährt damit das neue Wachstum.

Doch unsere »Zuvielisation« lebt in panischer Angst vor diesem Zerfall, der doch Voraussetzung ist für Transformation und Neuerstehung. Daher huldigt sie einem immerwährenden Wachstumswahn, in dem der Tod keinen Platz hat. Der Tod, der Zerfall, ist jedoch der Boden für das neu entstehende Leben. Verhindert man jenen, verwehrt man auch diesem die Existenz. So entzieht sich unsere »Zuvielisation« buchstäblich selbst den Nährboden. Wenn wir harmonisch mit der Natur leben wollen, ist die Akzeptanz des Vergehens ein Teil davon und damit unabdingbare Voraussetzung. Auch die »Schwarze Göttin« sollte wieder geehrt werden...

Geokultur und Tiefenmaterialismus

Und hier wenden wir unsere Aufmerksamkeit wieder den Märchen zu, die ihren Beitrag zur Rückverbindung des Menschen leisten. Gleich einer visionären Schau wurden hier sowohl die geistigen Probleme der Entfremdung der Menschheit von der Erde symbolisch erfasst und erzählt, als auch – und das erscheint mir ungleich wichtiger – die Vision einer neuen Geokultur. Das gemeinsame Miteinander von Erde und Mensch ist keine irrationale Utopie. Es ist ein tief in unserer Psyche verankertes Bedürfnis, ein inniges Sehnen. Darum ist es Zeit, dem oberflächlichen und zerstörerischen Materialismus einen spirituell verankerten und auf das Wohl aller ausgerichteten Tiefenmaterialismus gegenüberzustellen. Unsere überhebliche Art mit den Mitgeschöpfen umzugehen, kann nicht durch eine entrückte, auf Wolken schwebende Eso-Mentalität überwunden werden, die der Physis entfliehen will. Eine gelebte erdbezogene Spiritualität ist wichtig. Doch gelebte Spiritualität ist nicht, nein sie kann nicht unpolitisch sein. Das, was wir in der Natur und den Mythen erfahren – dass die Erde ein lebendes Wesen mit Bewusstsein ist, dass Tiere und Pflanzen durchseelt sind und dass alles bewusstseinsdurchdrungen ist – kann nicht in der Betrachtung halt machen. Es erfordert bisweilen das konkrete Tun, die Handlung. Diese kann auf der Ebene geomantischer Erdheilung geschehen, muss aber immer auch das Bewusstsein der Menschengemeinschaft erfassen – und das nennt man Politik.

Der alternative Nobelpreisträger Nicanor Perlas sagte dazu:

Da ist das Konzept von »Spiritualität« viel weiter. Da geht es um die eigene Identität und hat damit zu tun, mit welcher inneren Kraft und Persönlichkeit man sich in der Welt engagiert. Und es hat auch nichts zu tun mit der Bauchnabelschau der New Age-Bewegung, wo inneres Wachstum zum Produkt einer materiellen Konsumgesellschaft verkommen ist und die meisten Menschen nicht ins Handeln kommen. Die Spiritualität der Zivilgesellschaft, die da überall entsteht, ist anders. Sie fragt: Wie kann ich innere Transformation erreichen, um bei der Veränderung der Welt effektiver handeln zu können. Das ist die neue Spiritualität! Sie ist sozial engagiert, sie ist mit der Welt verbunden.

Nicolas Perlas spricht mir buchstäblich aus dem Herzen, wenn er sagt: »Das Herz der Revolution ist die Revolution des Herzens.« Die Materie, die von der Göttlichkeit durchdrungene Physis unserer Existenz, ist kein nutzloser, leiderzeugender Ballast. Das erzeugte Leid kommt nicht aus der Materie, es kommt aus unserer Haltung, der *Mater*, der Mutter, gegenüber und ist darum eben geistiger Abstammung. Die Mythen der Märchen können uns hier, wie schon beim »Froschkönig« angeklungen, Wegweiser sein. Mit beinahe prophetischer Kraft weisen sie einen Weg in ein erneuertes Verhältnis von Erde und Mensch.

Dornröschen

Ein König und eine Königin kriegten gar keine Kinder und hätten so gern eins gehabt. Einmal saß die Königin im Bade, da kroch ein Krebs aus dem Wasser ans Land und sprach: »Dein Wunsch wird bald erfüllt werden, und du wirst eine Tochter zur Welt bringen.« Das traf auch ein, und der König war so erfreut über die Geburt der Prinzessin, dass er ein großes Fest anstellen ließ, und dazu lud er auch die Feen ein, die im Lande waren. Weil er nur zwölf goldene Teller hatte, konnte er eine nicht einladen: Es waren ihrer nämlich dreizehn. Die Feen kamen zu dem Fest und beschenkten das Kind am Ende desselben: die eine mit Tugend, die zweite mit Schönheit und so die andern mit allem, was nur auf der Welt herrlich und zu wünschen war, wie aber eben die elfte ihr Geschenk gesagt hatte, trat die dreizehnte herein, recht zornig, dass sie nicht war eingeladen worden und rief: »Weil ihr mich nicht gebeten, so sage ich euch, dass eure Tochter in ihrem fünfzehnten Jahre an einer Spindel sich stechen und tot hinfallen wird.« Die Eltern erschraken, aber die zwölfte Fee hatte noch einen Wunsch zu tun, da sprach sie: »Es soll aber kein Tod sein, sie soll nur hundert Jahr in einen tiefen Schlaf fallen.«

Der König hoffte immer noch, sein liebes Kind zu erretten, und ließ den Befehl ausgehen, dass alle Spindeln im ganzen Königreich sollten abgeschafft werden. Die Prinzessin aber wuchs heran und war ein Wunder von Schönheit. Eines Tags, als sie ihr fünfzehntes Jahr eben erreicht hatte, waren der König und die Königin ausgegangen und sie ganz allein im Schloss, da ging sie aller Orten herum nach ihrer Lust, endlich kam sie auch an einen alten Turm. Eine enge Treppe führte dazu, und da sie neugierig war, stieg sie hinauf und gelangte zu einer kleinen Türe, darin steckte ein gelber Schlüssel, den drehte sie um, da sprang die Türe auf und sie war in einem kleinen Stübchen, darin saß eine alte Frau und spann ihren Flachs. Die alte Frau gefiel ihr wohl, und sie machte Scherz mit ihr und sagte, sie wollte auch einmal spinnen, und nahm ihr die Spindel aus der Hand. Kaum aber hatte sie die Spindel angerührt, so stach sie sich damit, und alsbald fiel sie nieder in einen tiefen Schlaf. In dem

Augenblick kam der König mit dem ganzen Hofstaat zurück, und da fing alles an einzuschlafen, die Pferde in den Ställen, die Tauben auf dem Dach, die Hunde im Hof, die Fliegen an den Wänden, ja das Feuer, das auf dem Herde flackerte, ward still und schlief ein, und der Braten hörte auf zu brutzeln, und der Koch ließ den Küchenjungen los, den er an den Haaren ziehen wollte, und die Magd ließ das Huhn fallen, das sie rupfte, und schlief, und um das ganze Schloss zog sich eine Dornhecke hoch und immer höher, so dass man gar nichts mehr davon sah.

Prinzen, die von dem schönen Dornröschen gehört hatten, kamen und wollten es befreien, aber sie konnten durch die Hecke nicht hindurchdringen, es war, als hielten sich die Dornen fest wie an Händen zusammen, und sie blieben darin hängen und kamen jämmerlich um. So währte das lange, lange Jahre. Da zog einmal ein Königssohn durch das Land, dem erzählte ein alter Mann davon, man glaube, dass hinter der Dornhecke ein Schloss stehe, und eine wunderschöne Prinzessin schlafe darin mit ihrem ganzen Hofstaat; sein Großvater habe ihm gesagt, dass sonst viele Prinzen gekommen wären und hätten hindurchdringen wollen, sie wären aber in den Dornen hängengeblieben und totgestochen worden. »Das soll mich nicht schrecken«, sagte der Königssohn, »ich will durch die Hecke dringen und das schöne Dornröschen befreien.« Da ging er fort, und wie er zu der Dornhecke kam, waren es lauter Blumen, die taten sich voneinander, und er ging hindurch, und hinter ihm wurden es wieder Dornen. Da kam er ins Schloss, und in dem Hof lagen die Pferde und schliefen und die bunten Jagdhunde, und auf dem Dach saßen die Tauben und hatten ihre Köpfchen in den Flügel gesteckt, und wie er hineinkam, schliefen die Fliegen an den Wänden und das Feuer in der Küche, der Koch und die Magd, da ging er weiter, da lag der ganze Hofstaat und schlief, und noch weiter, der König und die Königin; und es war so still, dass einer seinen Atem hörte, da kam er endlich in den alten Turm, da lag Dornröschen und schlief. Da war der Königssohn so erstaunt über ihre Schönheit, dass er sich bückte und sie küsste, und in dem Augenblick wachte sie auf, und der König und die Königin und der ganze Hofstaat und die Pferde und die Hunde und die Tauben auf dem Dach und die Fliegen an den Wänden und das Feuer stand auf und flackerte und kochte das Essen fertig, und der Braten brutzelte fort, und der Koch gab dem Küchenjungen eine Ohrfeige, und die Magd rupfte das Huhn fertig. Da ward die Hochzeit von dem Königssohn mit Dornröschen gefeiert, und sie lebten vergnügt bis an ihr Ende.

Vom Übergang der Gesellschafts- und Bewusstseinsstrukturen

Im Märchen »Dornröschen« begegnet uns der Übergang von einer matrifokalen, einer mutterzentrierten, lunaren Kultur zu einer patriarchalen, solaren Kultur.

König und Königin wünschen sich seit langem ein Kind. Ein Gesicht im Wasser, ein Frosch, oder wie in dieser frühen Version ein Krebs, weissagt der Königin, dass sie schwanger werden wird. Der Spiegel der Wasserfläche ist gleichsam ein Portal in das, was die Kelten die »Wasserwelt« nennen, besser bekannt auch als die »Anderswelt«. Dieses »Reich«, dieser Bewusstseinszustand ist nicht ganz physisch, aber auch nicht nur geistig, er ist gleichsam fein-stofflich. Es ist eine paradiesische Welt, zu der indigene Kulturen bis heute noch leicht Zugang finden. Unsere patriarchale, mental ausgerichtete Kultur jedoch hat das Paradies verloren, wurde aus ihm vertrieben. Jenen Bewusstseinszustand, den C.G. Jung auch als »unio mystica« bezeichnet: der Einheitszustand mit der Natur und ihren Kräften. Matrifokale Kulturen waren und sind sehr stark in diesem Bewusstseinszustand, sie leben sozusagen bis heute »im Paradies«.

Nun, die Prophezeiung tritt ein, ein Kind wird geboren, und in der Freude darüber plant der König ein Fest: *Er lud nicht bloß seine Verwandten, Freunde und Bekannten ein, sondern auch die weisen Frauen, damit das Leben dem Kind hold gesonnen wäre. Es waren ihrer dreizehn. Weil er aber nur zwölf goldene Teller hatte, von welchen sie essen sollten, so musste eine von ihnen daheim bleiben.*

In dieser Schlüsselszene des Märchens wird uns der Übergang der verschiedenen Gesellschafts- und Bewusstseinsstrukturen sehr deutlich vor Augen geführt. Die geladenen »weisen Frauen« oder Feen sind dreizehn. Die Zahl, die heute als »Unglückszahl« gilt, war jedoch früher in erster Linie eines: eine lunare (mondbezogene) Zahl: Dreizehn Mondmonate hat das Jahr. Die »weisen Frauen« stammen also aus einer lunaren Kultur. Sie sollen das Kind segnen. Doch der König stammt bereits aus einer anderen Kultur: Er besitzt nur zwölf goldene Teller. Die Zahl Zwölf ebenso wie das Gold verweisen auf die Sonne. Zwölf Sonnenmonate hat das Jahr, das heißt, die Sonne durchwandert in einem Jahr zwölf Zeichen des Zodiaks. Die Dreizehn wird also verdrängt, die dreizehnte Frau kann nicht geladen werden. Jede Verdrängung lebt als »Schatten« weiter in uns selbst wie auch in der Ausrichtung einer Kultur und wird nunmehr als »böse« angesehen. Die dreizehnte der weisen Frauen prophezeit dem Kind seinen »Tod«, sobald es in die Pubertät kommt. Das Wissen der Frauen kann an sie nicht mehr weitergegeben werden. Insofern »stirbt« sie, sobald sie den Paradieszustand der Kindheit verlässt. Doch eine der anderen Frauen erbarmt sich und lässt den Tod zu einem Schlaf werden. In diesem kann das Kind – unbeeinflusst von der physischen Realität – in der Paradieswelt, in der *unio mystica* verweilen. So gesehen, wäre es also kein Fluch, sondern ein Rettungsversuch für die patriarchale, linear denkende, mentale Kultur.

Auch das Instrument, das diese Schwellensituation auslösen soll, ist höchst symbolisch: eine Spindel. Die Spindel – im Grunde ein um seine Achse rotierender Stab – ist ein Symbol der Weltenachse (*axis mundi*). Diese Symbolik ist interkulturell anzutreffen. Im Schöpfungsmythos der Maya zum Beispiel, hebt der Maisgott den Himmel aus dem Urmeer hervor, errichtet die zentrale Weltenachse und versetzt Himmel und Kosmos in Drehung. Das Wort für »in Drehung versetzen« ist heute noch mit dem gebräuchlichen Wort für das Kreisen der Spindel bei der Garnherstellung identisch. In Rom war gar bisweilen das offen zur Schau getragene Herumtragen einer Spindel verboten. Die Weltenachse ihrerseits ist aufs Engste mit der heiligen Mitte, dem Paradieszustand verbunden.

Aus Angst vor der Prophezeiung werden alle Spinnräder des Landes und mit ihnen die Spindeln vernichtet. Letztendlich will damit der patriarchale König nicht nur das Schicksal manipulieren, indem er den »Spinnerinnen des Lebensschicksals« ihr Werkzeug nimmt (siehe auch die drei Nornen der germanischen Mythologie), sondern auch das Wandlungsrad zerstören, das seine Tochter mit dem Tode bedroht. Die Zerstörung des Wandlungsrades kommt auch der Verdrängung der Schwarzen Göttin gleich, die für Tod, Wandel und Transformation steht.

Doch Dornröschen begegnet ihrem Schicksal schließlich im obersten Zimmer eines Turmes. Auch hierin erscheint das Symbol der Weltenachse erneut. Die *axis mundi* im Zentrum ist ein unmittelbarer Kanal in die Paradieswelt. Dornröschen fällt in ein »Koma«, sie träumt fortan die Welt wie zum Beispiel auch in der Vorstellung der Aborigines die Welt immerwährend erträumt wird. Dieser Traum erfasst das ganze Reich. Hier gibt es keine Zeit, doch in der physischen Welt geht die Zeit weiter.

Eine undurchdringliche Dornenhecke wächst um das Königreich. Sie repräsentiert die Schwelle unseres Bewusstseins. In der Tat haben wir in unserer westlichen Kultur einen Bewusstseinszustand eingenommen, der uns den Zugang zur Paradieswelt, in der wir als Schöpfergestalten unsere Welt erträumen, verwehrt. Wollen wir dorthin, müssen wir die gefährliche »Hecke«, den Hag, überwinden. Einige Zeit vollzogen diesen Schwellenübergang auch spezielle Personen für uns, die Haga-zussa (Hag, Hecken, Zaun + Reiter) genannt wurden: Hexen. Doch die Gesamtkultur als solche blieb außerhalb der Schwelle, der Hecke.

Entgegen wiederum der »Walt Disney-Version« ist es nicht etwa der Prinz, der Dornröschen befreit. Vielmehr erhält der Prinz überhaupt nur Zugang, weil ein Zyklus (hundert Jahre) vollendet ist. Deshalb verwandeln sich die Dornen in Blüten und lässt ihn die Hecke gewähren. Dornröschen wäre also so oder so erwacht.

Der Prinz tritt hier als Vertreter der physischen Außenwelt auf. Die Verbindung der Prinzessin aus dem Paradies und des Prinzen aus der materiellen Realität in einer Himmlischen Hochzeit, die in der Weltenachse (Turm) zueinanderfinden, mag eine prophetische Vision sein, dass dereinst Paradieswelt und materielle Realität wieder zueinanderfinden, wenn der Zyklus vollendet ist...

Rumpelstilzchen

Es war einmal ein Müller, der war arm, aber er hatte eine schöne Tochter. Nun traf es sich, dass er mit dem König zu sprechen kam, und um sich ein Ansehen zu geben, sagte er zu ihm: »Ich habe eine Tochter, die kann Stroh zu Gold spinnen. « Der König sprach zum Müller: »Das ist eine Kunst, die mir wohl gefällt. Wenn deine Tochter so geschickt ist, wie du sagst, so bring sie morgen in mein Schloss, da will ich sie auf die Probe stellen.« Als nun das Mädchen zu ihm gebracht ward, führte er es in eine Kammer, die ganz voll Stroh lag, gab ihr Rad und Haspel und sprach: »Jetzt mache dich an die Arbeit, und wenn du diese Nacht durch bis morgen früh dieses Stroh nicht zu Gold versponnen hast, so musst du sterben.« Darauf schloss er die Kammer selbst zu und sie blieb allein darin. Da saß nun die arme Müllerstochter und wusste um ihr Leben keinen Rat. Sie verstand gar nichts davon, wie man Stroh zu Gold spinnen konnte, und ihre Angst ward immer größer, dass sie endlich zu weinen anfing. Da ging auf einmal die Tür auf und trat ein kleines Männlein herein und sprach: »Guten Abend, Jungfer Müllerin, warum weint sie so sehr?« »Ach«, antwortete das Mädchen, »ich soll Stroh zu Gold spinnen und verstehe das nicht.« Sprach das Männlein: »Was gibst du mir, wenn ich dir's spinne?« »Mein Halsband«, sagte das Mädchen. Das Männlein nahm das Halsband, setzte sich vor das Rädchen, und schnurr, schnurr, schnurr, dreimal gezogen, war die Spule voll. Dann steckte es eine andere auf, und schnurr, schnurr, schnurr, dreimal gezogen, war auch die zweite voll; und so ging's fort bis zum Morgen, da war alles Stroh versponnen, und alle Spulen waren voll Gold.

Bei Sonnenaufgang kam schon der König, und als er das Gold erblickte, erstaunte er und freute sich, aber sein Herz ward nur noch goldgieriger. Er ließ die Müllerstochter in eine andere Kammer voll Stroh bringen, die noch viel größer war, und befahl ihr, das auch in einer Nacht zu spinnen, wenn ihr das Leben lieb wäre. Das Mädchen wusste sich nicht zu helfen und weinte, da ging abermals die Tür auf und das kleine Männlein erschien und sprach: »Was gibst du mir, wenn ich dir das Stroh zu Gold spinne?« »Meinen Ring von dem Finger«, antwortete das Mädchen. Das Männlein nahm den Ring, fing wieder an zu schnurren mit dem Rade und hatte bis zum Morgen alles Stroh zu glänzendem Gold gesponnen. Der König freute sich über die Maßen bei dem Anblick, war aber noch immer nicht Goldes satt, sondern ließ die Müllerstochter in eine noch größere Kammer voll Stroh bringen und sprach: »Die musst du noch in dieser Nacht verspinnen, gelingt dir's aber, so sollst du meine Gemahlin werden.« »Wenn's auch eine Müllerstochter ist«, dachte er, »eine reichere Frau finde ich in der ganzen Welt nicht.«

Als das Mädchen allein war, kam das Männlein zum dritten Mal wieder und sprach: »Was gibst du mir, wenn ich dir noch diesmal das Stroh spinne?« – »Ich habe nichts mehr, das ich geben könnte«, antwortete das Mädchen. – »So versprich mir, wenn du Königin wirst, dein erstes Kind.« – »Wer weiß, wie das noch geht«, dachte die Müllerstochter und wusste sich auch in der Not nicht anders zu helfen; sie versprach also dem Männlein, was es verlangte, und das Männlein spann dafür noch einmal das Stroh zu Gold. Und als am Morgen der König kam und alles fand, wie er gewünscht hatte, so hielt er Hochzeit mit ihr, und die schöne Müllerstochter ward eine Königin.

Über ein Jahr brachte sie ein schönes Kind zur Welt und dachte gar nicht mehr an das Männlein, da trat es plötzlich in ihre Kammer und sprach: »Nun gib mir, was du versprochen hast.« Die Königin erschrak und bot dem Männlein alle Reichtümer des Königreichs an, wenn es ihr das Kind lassen wollte, aber das Männlein sprach: »Nein, etwas Lebendes ist mir lieber als alle Schätze der Welt.« Da fing die Königin so an zu jammern und zu weinen, dass das Männlein Mitleid mit ihr hatte. »Drei Tage will ich dir Zeit lassen«, sprach es, »wenn du bis dahin meinen Namen weißt, so sollst du dein Kind behalten.«

Nun besann sich die Königin die ganze Nacht über auf alle Namen, die sie jemals gehört hatte, und schickte einen Boten über Land, der sollte sich erkundigen weit und breit, was es sonst noch für Namen gäbe. Als am andern Tag das Männlein kam, fing sie an mit Kaspar, Melchior, Balzer und sagte alle Namen, die sie wusste, nach der Reihe her, aber bei jedem sprach das Männlein: »So heiß ich nicht.« Den zweiten Tag ließ sie in der Nachbarschaft herumfragen, wie die Leute da genannt würden, und sagte dem Männlein die ungewöhnlichsten und seltsamsten Namen vor: »Heißt du vielleicht Rippenbiest oder Hammelswade oder Schnürbein?« Aber es antwortete immer: »So heiß ich nicht.« Den dritten Tag kam der Bote wieder zurück und erzählte: »Neue Namen habe ich keinen einzigen finden können, aber wie ich an einen hohen Berg um die Waldecke kam, wo Fuchs und Has' sich gute Nacht sagen, so sah ich da ein kleines Haus, und vor dem Haus brannte ein Feuer, und um das Feuer sprang ein gar zu lächerliches Männlein, hüpfte auf einem Bein und schrie:

Heute back' ich, morgen brau' ich, übermorgen hol' ich der Königin ihr Kind; ach, wie gut, dass niemand weiß, dass ich Rumpelstilzchen heiß!

Da könnt ihr denken, wie die Königin froh war, als sie den Namen hörte, und als bald hernach das Männlein hereintrat und fragte: »Nun, Frau Königin, wie heiß' ich?« fragte sie erst: »Heißest du Kunz?« »Nein.« »Heißest du Heinz?« »Nein.« »Heißt du etwa Rumpelstilzchen?«

»Das hat dir der Teufel gesagt«, schrie das Männlein und stieß mit dem rechten Fuß vor Zorn so tief in die Erde, dass es bis an den Leib hineinfuhr, dann packte es in seiner Wut den linken Fuß mit beiden Händen und riss sich selbst mitten entzwei.

Der Spiegel unserer Kultur

Auch wenn es auf den ersten Blick anders erscheint: Das Märchen Rumpelstilzchen geht im Grunde nicht gut aus und ist daher eher Mahnung als Hoffnung. Wir alle kennen die Interpretationen des Märchens, die durchweg alle das Männlein Rumpelstilzchen als einen bösen Geist erscheinen lassen, doch lesen wir das Märchen genau nach, ist er vor allem eins: ein betrogener Geist.

Im Mittelpunkt des Märchens steht die Müllerstochter. Müller galten von jeher als geradezu alchemistische Persönlichkeiten. Ihre Mühle stand oft weit ab von der Dorfgemeinschaft, sie nahmen Elementarkräfte wie Wind und Wasser als Helfer und verstanden den »alchemistischen Prozess« der Erschaffung von Nahrung. Wichtig dabei ist stets auch die Rotation des Mühlrades, die der Rotation der Erde oder vielmehr des Himmelsgewölbes um die *axis mundi*, die Weltenachse, glich. So waren Müller den Schamanen verwandt, den Magiern und Zauberern, die mit Hilfe der Elemente und ihres Wissens um die Geheimnisse des Universums Transformationen bewirken konnten. In der märchenhaften Erzählung um »Krabat« von Ottfried Preußler kommt dies im knochenmahlenden Müller mit seinen magischen Kräften gut zum Ausdruck. Der Müller erscheint hier beinahe als männliches Abbild der Schwarzen Göttin, die mit ihrem Wandlungsrad die Transformation bewirkt und Leben in Tod und Tod in Leben verwandeln kann.

Die Müllerstochter steht natürlich in dieser Tradition – oder ist es nicht vielmehr so, dass der Müller in der Tradition der Großen Spinnerin, der Wandlungsgöttin, steht?

Doch die Zeit hat sich geändert. Der Müller prahlt zwar nach außen hin von der Gabe in seiner Familie, doch er versteht nichts mehr davon: »Ich habe eine Tochter, die kann Stroh zu Gold spinnen.« Auch die Müllerstochter, einst Abbild der Wandlungsgöttin, ist längst vom Patriarchat vereinnahmt und versteht nichts mehr von den ihr eigenen Kräften. Sie beherrscht nicht, was der Vater vorgibt. Das Leben der Müllerstochter wird von Männern bestimmt: von der Arroganz ihres Vaters und der Habgier des Königs. Sie ist nicht in ihrer Kraft. *Als nun das Mädchen zu ihm [dem König] gebracht ward, führte er es in eine Kammer, die ganz voll Stroh lag, gab ihr Rad und Haspel und sprach: »Jetzt mache dich an die Arbeit, und wenn du diese Nacht durch bis morgen früh dieses Stroh nicht zu Gold versponnen hast, so musst du sterben.«* Obgleich ihr ein Spinnrad gegeben wird, das Attribut der Großen Göttin, weiß sie damit nichts mehr anzufangen. Sie weiß nicht, wie man das Stroh – den Abfall der Ernte – wieder in Gold – in Bewusstsein und inneren Reichtum – spinnt. Darum ist auch sie eine gewöhnliche Sterbliche.

Doch ohne dass die Müllerstochter es extra rufen muss, tritt wie selbstverständlich ein Männlein zu ihr, um ihr zu helfen. Dies zeigt, dass die Müllerstochter, wenn auch unbewusst, noch immer mit den Kräften der Natur verbunden ist.

Rumpelstilzchen ist ganz offenbar eine Art Naturgeist, denn es wohnt weitab der Menschen tief im Wald, »wo sich Fuchs und Hase Gutenacht sagen«, das heißt, wo die Tiere noch in Kommunikation stehen. Rumpelstilzchen versteht sich auf das Backen und das Brauen, also auf transformative Prozesse. Es ist ein typisches Feuerwesen (Feuer ist die Kraft der Transformation), deswegen tanzt es auch ums Feuer und deswegen beherrscht es letztendlich auch die Kunst, aus Stroh Gold zu spinnen. Es verwundert daher auch nicht sein cholerisches Temperament, als Feuerwesen ist ihm dies zu eigen.

Das Rumpelstilzchen gibt es in verschiedenen Völkern und Sprachen, in alten und neuen Fassungen und immer wieder abgewandelt. So wird es mancherorts auch »Tim Tit Tot« oder »Titteliture« genannt. Interessanterweise gibt es in Skandinavien »Tomte Tummetot« als einen durchaus hilfreichen Geist, wie ihn auch Astrid Lindgren in Geschichten beschrieb. Rumpelstilzchen muss daher gar nicht als so böse gesehen werden, wie dies viele Märcheninterpretationen unhinterfragt übernehmen. Sigmund Freud meinte in Träumen von Frauen häufig »rumpelstilzchen-ähnliche Männlein« zu finden, sie kämen immer dann, wenn guter Rat teuer ist. Und C.G. Jung bestätigt, dass der Geist in Träumen von Frauen oft groteske Zwergformen hat. Im

Traum wie im Märchen tritt er auf, wenn guter Rat fehlt. Greis und Knabe gehören zusammen, sie bilden den *Mercurius* der Alchemie, der ist eindeutig ein Geist der Transformation.

Nun, Rumpelstilzchen fordert etwas ein für seine Hilfe. Doch ist dies keine Gier, es ist ein altes Zeichen des Respektes. Bereitwillig gibt er sich auch mit einer schlichten Halskette zufrieden. Nacheinander schenkt die Müllerstochter dem hilfreichen Geist zunächst ihre Halskette und dann ihren Ring. Halsketten stehen symbolisch häufig im Sinne der Amtskette für Würde und Ehre. Die Müllerstochter zeigt damit zum einen, dass sie durchaus in der Würde einer Hüterin und Vertreterin der Großen Göttin steht. Darum hilft ihr Rumpelstilzchen bereitwillig das erste Mal. In der zweiten Nacht gibt sie dem Geist ihren Ring. Der Ring ist ein Symbol des Bewusstseins – der ungebrochene Kreis des Ringes ist mit der Sonnensymbolik, ja der Göttlichkeit selbst symbolisch verbunden – aber noch viel mehr ist der Ring ein Symbol der Verbindung und des Versprechens. Die Müllerstochter zeigt mit dieser Gabe, dass sie sich ihrer Rolle bewusst und bereit ist, die Rückverbindung mit den Kräften der Natur einzugehen.

In der dritten Nacht schließlich fordert Rumpelstilzchen das erste Kind der Müllerstochter. Dies mag schockierend wirken. Doch wird nicht erwähnt, was der Geist mit dem Kind vorhat. Ich denke, es ist das Versprechen, das eigene Kind in der *Tradition* des Naturwissens zu erziehen. Nach der Ehrung (Kette) und dem Ring (persönliche Verbindung) soll nun die Ahnenlinie fortgesetzt werden.

Doch als es an der Zeit ist, will die nunmehr zur Königin aufgestiegene Müllerstochter, von diesem Versprechen nichts mehr wissen. Durch die Rückverbindung zu ihrem Urwissen ist sie zur Königin aufgestiegen, und doch ist sie tief im patriarchalen System hängengeblieben. Sie hat gelernt, Stroh zu Gold zu spinnen, aber sie erkennt darin nicht mehr die Bewusstseinskraft, sondern sieht nur noch den materiellen Glanz und Reichtum. Darum verweigert sie die Ahnennachfolge. Von materiellen Gütern, die ihm angeboten werden, will aber eben der Naturgeist nichts wissen: »Nein, etwas Lebendes ist mir lieber als alle Schätze der Welt.« Doch noch einmal erbarmt er sich:

Wenn die Königin seinen Namen wüsste, wäre dies ein Zeichen, dass sie mit den Kräften der Natur vertraut ist und ihr Kind in diesem Sinne selbst erziehen könnte.

Wir kennen den Ausgang der Geschichte: Die Königin weiß den Namen nicht. Sie schickt stattdessen wieder Männer aus, um den Namen zu erforschen – ein Symbol der sinnentleerten Naturwissenschaft. Mit ihrer Hilfe gelingt es ihr tatsächlich Macht über die Naturkraft zu gewinnen (der wahre Name einer Sache oder Person verheißt Macht), doch letztendlich zerstört dieses Wissen und die mit ihm verbundene Macht die Kraft der Natur. Die Transformation, die Macht des Sterbeprozesses, aus dem neues Leben entsteht und aus Stroh Gold wird, hat in einer auf materiellen Reichtum ausgerichteten Kultur keinen Platz. Wie in der Atomkraft kann die Macht nur durch das Zerreißen des Atoms nutzbar gemacht werden, und so wird auch Rumpelstilzchen – der hilfreiche, betrogene Geist – zerrissen.

Das Märchen ist eine Mahnung und ein Aufruf, vor allem an die Frauen, sich der patriarchalen Herrschaft (Müller, König...) zu entziehen und sich auf die eigene Macht zurückzubesinnen, ehe die ganze Natur zerrissen wird.

Schneeweißchen und Rosenrot

Eine arme Witwe, die lebte einsam in einem Hüttchen, und vor dem Hüttchen war ein Garten, darin standen zwei Rosenbäumchen, davon trug das eine weiße, das andere rote Rosen; und sie hatte zwei Kinder, die glichen den beiden Rosenbäumchen, und das eine hieß Schneeweißchen, das andere Rosenrot. Sie waren aber so fromm und gut, so arbeitsam und unverdrossen, als je zwei Kinder auf der Welt gewesen sind: Schneeweißchen war nur stiller und sanfter als Rosenrot. Rosenrot sprang lieber in den Wiesen und Feldern umher, suchte Blumen und fing Sommervögel; Schneeweißchen aber saß daheim bei der Mutter, half ihr im Hauswesen oder las ihr vor, wenn nichts zu tun war. Die beiden Kinder hatten einander so lieb, dass sie sich immer an den Händen fassten, sooft sie zusammen ausgingen; und wenn Schneeweißchen sagte: »Wir wollen uns nicht verlassen«, so antwortete Rosenrot: »Solange wir leben nicht«, und die Mutter setzte hinzu: »Was das eine hat, soll's mit dem andern teilen.« Oft liefen sie im Walde allein umher und sammelten rote Beeren, aber kein Tier tat ihnen etwas zuleid, sondern sie kamen vertraulich herbei: Das Häschen fraß ein Kohlblatt aus ihren Händen, das Reh graste an ihrer Seite, der Hirsch sprang ganz lustig vorbei, und die Vögel blieben auf den Ästen sitzen und sangen, was sie nur wussten. Kein Unfall traf sie – wenn sie sich im Walde verspätet hatten und die Nacht sie überfiel, so legten sie sich nebeneinander auf das Moos und schliefen, bis der Morgen kam, und die Mutter wusste das und hatte ihretwegen keine Sorge. Einmal, als sie im Walde übernachtet hatten und das Morgenrot sie aufweckte, da sahen sie ein schönes Kind in einem weißen, glänzenden Kleidchen neben ihrem Lager sitzen. Es stand auf und blickte sie ganz freundlich an, sprach aber nichts und ging in den Wald hinein. Und als sie sich umsahen, so hatten sie ganz nahe bei einem Abgrunde geschlafen und wären gewiss hineingefallen, wenn sie in der Dunkelheit noch ein paar Schritte weitergegangen wären. Die Mutter aber sagte ihnen, das müsste der Engel gewesen sein, der gute Kinder bewache.

Schneeweißchen und Rosenrot hielten das Hüttchen der Mutter so reinlich, dass es eine Freude war hineinzuschauen. Im Sommer besorgte Rosenrot das Haus und stellte der Mutter jeden Morgen, ehe sie aufwachte, einen Blumenstrauß vors Bett, darin war von jedem Bäumchen eine Rose. Im Winter zündete Schneeweißchen das Feuer an und hing den Kessel an den Feuerhaken, und der Kessel war von Messing, glänzte aber wie Gold, so rein war er gescheuert. Abends, wenn die Flocken fielen, sagte die Mutter: »Geh, Schneeweißchen, und schieb den Riegel vor«, und dann setzten sie sich an den Herd, und die Mutter nahm die Brille und las aus einem großen Buche vor, und die beiden Mädchen hörten zu, saßen und spannen; neben ihnen lag ein Lämmchen auf dem Boden und hinter ihnen auf einer Stange saß ein weißes Täubchen und hatte seinen Kopf unter den Flügel gesteckt.

Eines Abends, als sie so vertraulich beisammensaßen, klopfte jemand an die Türe, als wollte er eingelassen sein. Die Mutter sprach: »Geschwind, Rosenrot, mach auf, es wird ein Wanderer sein, der Obdach sucht.« Rosenrot ging und schob den Riegel weg und dachte, es wäre ein armer Mann, aber der war es nicht, es war ein Bär, der seinen dicken schwarzen Kopf zur Türe hereinstreckte. Rosenrot schrie laut und sprang zurück; das Lämmchen blökte, das Täubchen flatterte auf und Schneeweißchen versteckte sich hinter der Mutter Bett. Der Bär aber fing an zu sprechen und sagte: »Fürchtet euch nicht, ich tue euch nichts zuleid, ich bin halb erfroren und will mich nur ein wenig bei euch wärmen.« – »Du armer Bär«, sprach die Mutter, »leg dich ans Feuer und gib nur acht, dass dir dein Pelz nicht brennt.« Dann rief sie: »Schneeweißchen, Rosenrot, kommt hervor, der Bär tut euch nichts, er meint's ehrlich.« Da kamen sie beide heran, und nach und nach näherten sich auch das Lämmchen und Täubchen und hatten keine Furcht vor ihm. Der Bär sprach: »Ihr Kinder, klopft mir den Schnee ein wenig aus dem Pelzwerk«, und sie holten den Besen und kehrten dem Bären das Fell rein; er aber streckte sich ans Feuer und brummte ganz vergnügt und behaglich. Nicht lange, so wurden sie ganz vertraut und trieben Mutwillen mit dem unbeholfenen Gast. Sie zausten ihm das Fell mit den Händen, setzten ihre Füßchen auf seinen Rücken und walgerten ihn hin und her, oder sie nahmen eine Haselrute und schlugen auf ihn los, und wenn er brummte, so lachten sie. Der Bär ließ sich's aber gerne gefallen, nur wenn sie's gar zu arg machten, rief er:

»Lasst mich am Leben, ihr Kinder.
Schneeweißchen, Rosenrot,
schlägst dir den Freier tot.«

Als Schlafenszeit war und die andern zu Bett gingen, sagte die Mutter zu dem Bären: »Du kannst in Gottes Namen da am Herde liegenbleiben, so bist du vor der Kälte und dem bösen Wetter geschützt.« Sobald der Tag graute, ließen ihn die beiden Kinder hinaus, und er trabte über den Schnee in den Wald hinein. Von nun an kam der Bär jeden Abend zu der bestimmten Stunde, legte sich an den Herd und erlaubte den Kindern, Kurzweil mit ihm zu treiben, soviel sie wollten; und sie waren so gewöhnt an ihn, dass die Türe nicht eher zugeriegelt ward, als bis der schwarze Gesell angelangt war.

Als das Frühjahr herangekommen und draußen alles grün war, sagte der Bär eines Morgens zu Schneeweißchen: »Nun muss ich fort und darf den ganzen Sommer nicht wiederkommen.« – »Wo gehst du denn hin, lieber Bär?« fragte Schneeweißchen. »Ich muss in den Wald und meine Schätze vor den bösen Zwergen hüten: Im Winter, wenn die Erde hartgefroren ist, müssen sie wohl unten bleiben und können sich nicht durcharbeiten, aber jetzt, wenn die Sonne die Erde aufgetaut und erwärmt hat, da brechen sie durch, steigen herauf, suchen und stehlen; was einmal in ihren Händen ist und in ihren Höhlen liegt, das kommt so leicht nicht wieder an des Tages Licht.« Schneeweißchen war ganz traurig über den Abschied, und als es ihm die Türe aufriegelte und der Bär sich hinausdrängte, blieb er an dem Türhaken hängen, und ein Stück seiner Haut riss auf, und da war es Schneeweißchen, als hätte es Gold durchschimmern gesehen; aber es war seiner Sache nicht gewiss. Der Bär lief eilig fort und war bald hinter den Bäumen verschwunden.

Nach einiger Zeit schickte die Mutter die Kinder in den Wald, Reisig zu sammeln. Da fanden sie draußen einen großen Baum, der lag gefällt auf dem Boden, und an dem Stamme sprang zwischen dem Gras etwas auf und ab, sie konnten aber nicht unterscheiden, was es war. Als sie näherkamen, sahen sie einen Zwerg mit einem alten, verwelkten Gesicht und einem ellenlangen, schneeweißen Bart. Das Ende des Bartes war in eine Spalte des Baums eingeklemmt, und der Kleine sprang hin und her wie ein Hündchen an einem Seil und wusste nicht, wie er sich helfen sollte. Er glotzte die Mädchen mit seinen feurigen roten Augen an und schrie. »Was steht ihr da! Könnt ihr nicht herbeigehen und mir Beistand leisten?» – »Was hast du angefangen, kleines Männlein?« fragte Rosenrot. »Dumme, neugierige Gans«, antwortete der Zwerg, »den Baum habe ich mir spalten

wollen, um kleines Holz in der Küche zu haben; bei den dicken Klötzen verbrennt gleich das bisschen Speise, das unsereiner braucht, der nicht so viel hinunterschlingt als ihr grobes, gieriges Volk. Ich hatte den Keil schon glücklich hineingetrieben, und es wäre alles nach Wunsch gegangen, aber das verwünschte Holz war zu glatt und sprang unversehens heraus, und der Baum fuhr so geschwind zusammen, dass ich meinen schönen weißen Bart nicht mehr herausziehen konnte; nun steckt er drin, und ich kann nicht fort. Da lachen die albernen glatten Milchgesichter! Pfui, was seid ihr garstig!« Die Kinder gaben sich alle Mühe, aber sie konnten den Bart nicht herausziehen, er steckte zu fest. »Ich will laufen und Leute herbeiholen«, sagte Rosenrot. »Wahnsinnige Schafsköpfe«, schnarrte der Zwerg, »wer wird gleich Leute herbeirufen, ihr seid mir schon um zwei zu viel; fällt euch nicht Besseres ein?« – »Sei nur nicht ungeduldig«, sagte Schneeweißchen, »ich will schon Rat schaffen«, holte sein Scherchen aus der Tasche und schnitt das Ende des Bartes ab. Sobald der Zwerg sich frei fühlte, griff er nach einem Sack, der zwischen den Wurzeln des Baums steckte und mit Gold gefüllt war, hob ihn heraus und brummte vor sich hin: »Ungehobeltes Volk, schneidet mir ein Stück von meinem stolzen Barte ab! Lohn's euch der Kuckuck!« Damit schwang er seinen Sack auf den Rücken und ging fort, ohne die Kinder nur noch einmal anzusehen.

Einige Zeit danach wollten Schneeweißchen und Rosenrot ein Gericht Fische angeln. Als sie nahe bei dem Bach waren, sahen sie, dass etwas wie eine große Heuschrecke nach dem Wasser zuhüpfte, als wollte es hineinspringen. Sie liefen heran und erkannten den Zwerg. »Wo willst du hin?« sagte Rosenrot, »du willst doch nicht ins Wasser?« – »Solch ein Narr bin ich nicht«, schrie der Zwerg, »seht ihr nicht, der verwünschte Fisch will mich hineinziehen?« Der Kleine hatte dagesessen und geangelt, und unglücklicherweise hatte der Wind seinen Bart mit der Angelschnur verflochten; als gleich darauf ein großer Fisch anbiss, fehlten dem schwachen Geschöpf die Kräfte, ihn herauszuziehen. Der Fisch behielt die Oberhand und riss den Zwerg zu sich hin. Zwar hielt er sich an allen Halmen und Binsen, aber das half nicht viel, er musste den Bewegungen des Fisches folgen und war in beständiger Gefahr, ins Wasser gezogen zu werden. Die Mädchen kamen zu rechter Zeit, hielten ihn fest und versuchten, den Bart von der Schnur loszumachen, aber vergebens, Bart und Schnur waren fest ineinander verwirrt. Es blieb nichts übrig, als das Scherchen hervorzuholen und den Bart abzuschneiden, wobei ein kleiner Teil desselben verlorenging. Als der Zwerg das sah, schrie er sie an: »Ist das Manier, ihr Lorche, einem das Gesicht zu schänden? Nicht genug, dass ihr mir den Bart unten abgestutzt habt, jetzt schneidet ihr mir den besten Teil davon ab. Ich darf mich vor den Meinigen gar nicht sehen lassen. Dass ihr laufen müsstet und die Schuhsohlen verloren hättet!« Dann holte er einen Sack Perlen, der im Schilfe lag, und ohne ein Wort weiter zu sagen, schleppte er ihn fort und verschwand hinter einem Stein.

Es trug sich zu, dass bald hernach die Mutter die beiden Mädchen nach der Stadt schickte, Zwirn, Nadeln, Schnüre und Bänder einzukaufen. Der Weg führte sie über eine Heide, auf der hier und da mächtige Felsenstücke zerstreut lagen. Da sahen sie einen großen Vogel in der Luft schweben, der langsam über ihnen kreiste, sich immer tiefer herabsenkte und endlich nicht weit bei einem Felsen niederstieß. Gleich darauf hörten sie einen durchdringenden, jämmerlichen Schrei. Sie liefen herzu und sahen mit Schrecken, dass der Adler ihren alten Bekannten, den Zwerg, gepackt hatte und ihn forttragen wollte. Die mitleidigen Kinder hielten gleich das Männlein fest und zerrten sich so lange mit dem Adler herum, bis er seine Beute fahrenließ. Als der Zwerg sich von dem ersten Schrecken erholt hatte, schrie er mit einer kreischenden Stimme: »Konntet ihr nicht säuberlicher mit mir umgehen? Gerissen habt ihr an meinem dünnen Röckchen, dass es überall zerfetzt und durchlöchert ist, unbeholfenes und läppisches Gesindel, das ihr seid!« Dann nahm er einen Sack mit Edelsteinen und schlüpfte wieder unter den Felsen in seine Höhle. Die Mädchen waren an seinen Undank schon gewöhnt, setzten ihren Weg fort und verrichteten ihr Geschäft in der Stadt. Als sie beim Heimweg wieder auf die Heide kamen, überraschten sie den Zwerg, der auf einem reinlichen Plätzchen seinen Sack mit Edelsteinen ausgeschüttet und nicht gedacht hatte, dass so spät noch jemand daherkommen würde. Die Abendsonne schien über die glänzenden Steine, sie schimmerten und leuchteten so prächtig in allen Farben, dass die Kinder stehenblieben und sie betrachteten. »Was steht ihr da und habt Maulaffen feil!« schrie der Zwerg, und sein aschgraues Gesicht ward zinnoberrot vor Zorn. Er wollte mit seinen Scheltworten fortfahren, als sich ein lautes Brummen hören ließ und ein schwarzer Bär aus dem Walde herbeitrabte. Erschrocken sprang der Zwerg auf, aber er konnte nicht mehr zu seinem Schlupfwinkel gelangen, der Bär war schon in seiner Nähe. Da rief er in Herzensangst: »Lieber Herr Bär, verschont mich, ich will Euch alle meine Schätze geben, sehet, die schönen Edelsteine, die da liegen. Schenkt mir das Leben, was habt Ihr an mir kleinem schmächtigen Kerl? Ihr spürt mich nicht zwischen den Zähnen; da, die beiden gottlosen Mädchen packt, das sind für Euch zarte Bissen, fett wie junge Wachteln, die fresst in Gottes Namen.« Der Bär kümmerte sich um seine Worte nicht, gab dem boshaften Geschöpf einen einzigen Schlag mit der Tatze, und es regte sich nicht mehr.

Die Mädchen waren fortgesprungen, aber der Bär rief ihnen nach: »Schneeweißchen und Rosenrot, fürchtet euch nicht, wartet, ich will mit euch gehen.« Da erkannten sie seine Stimme und blieben stehen, und als der Bär bei ihnen war, fiel plötzlich die Bärenhaut ab, und er stand da als ein schöner Mann und war ganz in Gold gekleidet. »Ich bin eines Königs Sohn«, sprach er, »und war von dem gottlosen Zwerg, der mir meine Schätze gestohlen hatte, verwünscht, als ein wilder Bär in dem Walde zu laufen, bis ich durch seinen Tod erlöst würde. Jetzt hat er seine wohlverdiente Strafe empfangen.«

Schneeweißchen ward mit ihm vermählt und Rosenrot mit seinem Bruder, und sie teilten die großen Schätze miteinander, die der Zwerg in seiner Höhle zusammengetragen hatte. Die alte Mutter lebte noch lange Jahre ruhig und glücklich bei ihren Kindern. Die zwei Rosenbäumchen aber nahm sie mit, und sie standen vor ihrem Fenster und trugen jedes Jahr die schönsten Rosen, weiß und rot.

Von der möglichen Rückkehr ins Paradies

Die Geschichte um Schneeweißchen und Rosenrot ist eine Beschreibung des paradiesischen Zustandes zwischen Mensch und Erde in der Vergangenheit, des aktuellen Kampfes des Menschen mit der Natur und der Verheißung eines erneuten »Paradieses«.

Schneeweißchen und Rosenrot sind Schwestern. Doch anders als in anderen Zwei-Schwester-Märchen wie in »Frau Holle« Goldmarie und Pechmarie, in denen die Schwestern Antipoden darstellen, sind in diesem Märchen beide Schwestern in Liebe verbunden. Sie leben gemeinsam im Haus ihrer Mutter. Ihre beiden Farben – Weiß und Rot – sind so konträr, dass wir dennoch in den beiden Schwestern Polaritäten erkennen müssen:

Rosenrot sprang lieber in den Wiesen und Feldern umher, suchte Blumen und fing Sommervögel; Schneeweißchen aber saß daheim bei der Mutter, half ihr im Hauswesen oder las ihr vor, wenn nichts zu tun war... Im Winter zündete Schneeweißchen das Feuer an. Deutlich erkennen wir eine Winter- und eine Sommerseite wieder. Die Weiße bleibt im Haus und schürt das Feuer, die Rote ist aktiv und wird mit dem Sommer verbunden. Benannt sind sie nach zwei Rosenbäumen im Garten ihrer Mutter. So sind beide Schwestern Polaritäten desselben Prinzips. Sie sind Kinder von Mutter Natur. Diese Interpretation ist offensichtlich, denn der Bär sucht sich das Haus der Mutter als Höhle für den Winterschlaf aus. Das Haus der Mutter *ist* die Erde!

Beide Kinder sind in einem innigen Zustand der inneren Verbundenheit mit der Erde und der Natur: *Kein Unfall traf sie – wenn sie sich im Walde verspätet hatten und die Nacht sie überfiel, so legten sie sich nebeneinander auf das Moos und schliefen, bis der Morgen kam, und die Mutter wusste das und hatte ihretwegen keine Sorge.* Dies und die beiden Rosenbüsche als totemistisch-florales Alter Ego der Schwestern im Garten von Mutter Natur verweisen auf einen Zustand, in dem der Mensch in vollkommenem Aufgehobensein und Geborgenheit, in Harmonie mit der Erde lebte.

Nun kommt der Bär ins Haus. Auch der Bär ist ein altes Symbol der Kraft der Erde. Er wird von der Mutter auch gleich als gutwillig erkannt und freudig eingelassen. So zeigt sich der Bär als einen besonderen Aspekt der Erde und letztlich auch des Verhältnisses von Mensch und Erde. Doch im Frühjahr muss der Bär das Haus verlassen, weil er seine Schätze vor einem gierigen Zwerg hüten muss.

Der Zwerg, der in ähnlicher Weise zum Beispiel auch in »Der undankbare Zwerg« auftaucht, ist gierig, roh und verletzend. Die Kinder begegnen ihm mehrere Male und helfen ihm, aber der Zwerg hat dennoch nur Hohn und Spott für sie übrig. In der Geschichte kämpft der Zwerg gegen ein Wesen der Erde (einen Baum), ein Wesen des Wassers (einen Fisch) und ein Wesen der Luft (Vogel). Obwohl hier in der klassischen Märchen-Dreigliedrigkeit, scheint doch die archetypische Vier-Elemente-Lehre hindurch. Der Zwerg befindet sich im Kampf mit den Elementen und mit der Erde selbst. Und ganz gleich, wie oft die Erdenkinder Schneeweißchen und Rosenrot ihm helfen, er verhöhnt sie und damit die Erde nur weiter. Ist es eine zu gewagte Interpretation, diesen Zwerg mit dem heutigen Menschen gleichzusetzen? Gierig, zerstörerisch und der Erde gegenüber undankbar?

Beim vierten Treffen der Kinder mit dem Zwerg, als der Zwerg seine Schätze zählt, wird er »zinnoberrot vor Zorn«. Der Zorn wie auch die rote Abendsonne verweisen auf das vierte der Elemente (Feuer). Doch nun eilt den Schwestern der Bär zur Hilfe und erschlägt den Zwerg. Damit ist auch der Zauber des Bären gebrochen. Sein Fell fällt ab, und ein Prinz steht dort.

Der Bär zeigte sich schon beim Abschied aus dem Hause der Mutter als eine besondere Bewusstseinskraft. Denn als der Bär das Haus verlässt, reißt er sich ein Stück Pelz an der Tür ab, und da ist es Schneeweißchen, *als hätte es Gold durchschimmern gesehen.* Gold als das der Sonne, dem Bewusstseinssymbol, zugeordnete Metall, weist den Bären als ein weises, bewusstseinskräftiges Wesen aus, das zwar offenbar in seiner Wildheit gefangen, aber dennoch gutmütiger und großherziger als der Zwerg ist. Die Tatsache, dass der Tod des Zwerges zum neuen

Leben des Bären-Prinzen führt, weist darauf hin, dass auch diese beiden irgendwie verbunden sind. Während der Zwerg die gierige, zerstörerische, brutale Seite des Menschen – man könnte sagen des heutigen Zivilisationsmenschen – widerspiegelt, spiegelt der Bär die weise Bewusstseinskraft des naturverbundenen »Wilden«, der indigenen Kultur, wider.

Der Wechsel geschieht bei Sonnenuntergang. Ein Zyklus neigt sich dem Ende. Der gierige Mensch stirbt und der naturverbundene ersteht wieder auf. Nun kommt es zu einem neuen »Goldenen Zeitalter«, denn *Schneeweißchen ward mit ihm vermählt und Rosenrot mit seinem Bruder.* Auch dies ein typisches Märchensymbol, das die Identität der beiden Schwestern hervorhebt: Der neue Mensch wird sich seiner Gier entledigen und sich mit der Natur, mit den Kräften der Erde »vermählen«.

Welch wunderbare Prophezeiung! Vielleicht erleben wir ja zur Zeit die letzten Wutausbrüche des »Zwerges« in der »Abendsonne unserer Zivilisation«? Ganz damit beschäftigt, die geraubten Schätze zu zählen, bemerkt der »Zwerg« nicht, wie nahe die Verwandlung ist...

Der kosmische Mensch

Wir sind dem »Neuen Menschen« in den Märchen *Froschönig, Dornröschen, Schneeweißchen und Rosenrot* und anderen begegnet. Dieser »neue« Mensch ist der ursprünglich gemeinte, der Adam Qadmon, Quelle und Ziel einer erdbezogenen Spiritualität. »Adam Qadmon« (manchmal auch Adam Kadmon oder Adam Kadmos genannt) ist nach Aussagen der Kabbala und Haggada der »kosmische Mensch« (hebräisch: אדם קדמון »ursprünglicher Mensch«) – gleichsam das Urbild des Menschen und sein Entwicklungsziel. Der Mythologie zufolge, verlor jedoch der irdische Mensch drei Eigenschaften, die ihn gleichsam gottähnlich machen: die Weisheit, die Herrlichkeit und die Unsterblichkeit.

So heißt es in einem kabbalistischen Text: »Sein Kopf ist eine Triade aus Weisheit und Intelligenz, die überragt werden durch die Krone, die Herrschaft symbolisiert. Die Brust, die Schönheit, ist verbunden mit dem rechten Arm, der Barmherzigkeit, und dem linken Arm, der Gerechtigkeit. In einer dritten Triade beherrschen die Genitalien, die als Fundament bezeichnet werden, das rechte Bein, die Festigkeit, und das linke Bein, die Pracht, die wiederum eine Triade mit den Füßen bilden, welche Königreich bedeuten.« So wird der kosmische Mensch zu einem Abbild des kabbalistischen Lebensbaumes und damit des Schöpfungsimpulses selbst.

Wenn man den heutigen Menschen betrachtet, so scheint in der Tat nicht viel von einem »Adam Qadmon« in ihm zu stecken. Und doch ist selbst er ein mikrokosmisches Spiegelbild der Welt, die ihn umgibt und die er sich beständig erschafft: Dem vom Menschen erdachten ewig notwendigen Wirtschaftswachstum stehen geschwürartig ausufernde Städte und nicht zuletzt die Zivilisationskrankheit Krebs gegenüber. Die Übersäuerung (Acidose) des Menschen widerspiegelt sich im sauren Regen und der damit verbundenen Übersäuerung unserer Böden, und auch unsere Gehirnwellenrhythmen gleichen den Wetterschwingungen im ELF Bereich (extremly low frequence): Sind wir ausgeglichen und entspannt, so können wir die Kurven von schönem ruhigen Wetter wiedererkennen, naht dagegen ein Gewitter, so gleicht dies unserem Stress und »brainstorming«. Der kosmische Mensch ist offenbar erhalten geblieben, nur ist er sich als irdischer Mensch dessen nicht mehr bewusst.

Albert Einstein sagte: Der Mensch ist ein Teil des Ganzen, das von uns Universum genannt wird, ein Teil, das in Raum und Zeit begrenzt ist. Seine Gedanken und Gefühle scheinen ihm getrennt vom restlichen Universum, eine Art optische Täuschung seines Seins.

So sind wir keineswegs getrennt, wir erschaffen und sind der Kosmos. Dies klingt vermessen, solange man sich nur am »real existierenden irdischen Menschen« misst. Doch der Mensch ist mehr. Der Naturphilosoph Jochen Kirchhoff nennt diese Zweiheit »sterblicher Sinnenmensch« und »kosmischer Anthropos«: »Welchen Wesens ist der Mensch? Ist er als kosmischer Anthropos ›gedacht‹, ›angelegt‹, als Sternenmensch gleichsam im Angesicht einer ihn einschließenden, ja ermöglichenden und tragenden Unendlichkeit, die immer auch der Abgrund des Göttlichen ist, oder aber als kosmischer Zombie, als Idiot, als ›verlogenes Tier‹ (Nietzsche), das mit technischen Greifarmen hinausstößt in eine lebensfeindliche und zermalmende Leere?«* und er fordert damit neben der Naturökologie auch eine Bewusstseinsökologie.

Wie man den Adam Qadmon erweckt

In der Tat muss sich der Mensch als kosmischer Mensch begreifen lernen, als ein göttliches Schöpferwesen.

Am Beginn steht sicherlich die Erkenntnis, dass wir der Adam Qadmon *sind*, dass wir mit Schöpferkraft ausgestattet unser Universum erschaffen. Dies kann schwerlich nur aus einer intellektuellen Betrach-

* Hagia Chora 2/1999

tung erfolgen. Es bedarf der unmittelbaren Erfahrung. Diese kann in Meditationen unterschiedlichster Couleur, in Tranceerfahrungen und dem bewussten Erleben anderer Bewusstseinszustände (»Bewusstseinsökologie«) erfahren werden. Die Mythen der Märchen geben zur Existenz dieser anderen Bewusstseinsreiche, wie dem schlafenden Reich jenseits der Hecke Dornröschens, wieder und wieder Hinweise. Sie zeigen, wie sich der Mensch verändern muss – die goldene Kugel der Weißen Göttin aus den Tiefen seiner Seele und aus der *Unteren Welt* in unsere *Mittlere Welt* zurücktragend – um aus ihm wieder einen Prinzen werden zu lassen.

Die Macht dieser Schöpferkraft ist groß. Doch kann und darf dies nicht zum wahnhaft-egozentrischen Allmachtsgedanken werden, sonst sind wir nur der habgierige König in *Rumpelstilzchen* oder der verletzende Zwerg in *Schneeweißchen und Rosenrot*. Die Erkenntnis, dass auch die uns umgebenden Menschen, Tiere und Pflanzen letztlich ebenfalls am kosmischen Wesen teilhaben, ist daher unabdingbare Voraussetzung. Erleben wir die Erde nicht in einer plattesoterischen, die Sprache der Indianer nachäffenden Weise, sondern tatsächlich und authentisch als Wesen, als »Große Mutter«, als »Göttin«, dann kann dies ein erster Schritt sein. Erfahren wir, dass wir tatsächlich Teil dieser Erde sind: physisch, emotional und auch geistig: eingebunden *in* der Erde lebend.

Durchdringen wir sodann den Materialismus und lassen ihn zum gelebten Tiefenmaterialismus werden, so erfahren wir die Erde als einen wahrhaft göttlichen Bewusstseinsimpuls, ein Wesen, dass uns in dieser kosmischen Schöpferkraft gleich ist: Ein Stern, eingebunden in die Kraftfelder und Wechselwirkungen des Alls, wie auch wir Sterne sind, eingebunden in die sozialen Kraftfelder und emotionalen Wechselwirkungen mit Mensch, Tier und Pflanze...

... bis schließlich das kosmische Wesen Mensch, der ursprünglich so gemeinte und dahin sich wieder entwickelnde Adam Qadmon in uns erwacht. Erst so können Geomantie, Schamanismus und Ökologie ihre eigentliche Aufgabe übernehmen, die weit über das Verrücken von Betten und das Verlegen von Hauseingängen hinausreicht, die mehr ist als getrocknete Pflanzen zu verräuchern und chemische durch natürliche Düngemittel zu ersetzen, die Aufgabe eine Brücke zu sein zwischen Erde und Mensch, zwischen Außen und Innen.

Jochen Kirchhoff: »Es gehört zu den großen Bewusstseinsaufgaben der nächsten Jahre, die Polarität von Erdenschwere und kosmischer ›Leichtigkeit‹ umfassend zu denken und existentiell-meditativ zu erhellen. Eine sinnvolle Geomantie lässt sich nur aus dieser irdisch-kosmischen Polarität gewinnen oder ableiten. Und hier ist es zentral wichtig, ein vertieftes Verständnis zu gewinnen über die zarten Zusammenhänge zwischen Bewusstsein und Strahlung, auch über die Zusammenhänge zwischen Strahlung von innen nach außen und Strahlung von außen nach innen. Licht und Schwere müssen neu und sublimer als bis dato geschehen erfasst werden. Das erfordert ein erneutes und vertieftes Nachdenken über die Realsymbolik der menschlichen Gestalt; der Mesokosmos-Mensch – die mittlere Sphäre zwischen Planet und Sternenrund – muss sich neu bestimmen: einerseits mehr als zuvor erden, der Erde wirklich zuordnen, sie wirklich und wahrhaftig bewohnen, und andererseits die kosmischen Sphären seelisch-geistig-meditativ erschließen und für die Wahrnehmung öffnen, ohne der astronautischen Erdflucht oder der geozentrischen Regression zu erliegen.«*

Vielleicht gab die Neuinterpretation der Märchen in diesem Buch dazu Gedankenimpulse und Seelenanregungen.

* Hagia Chora 2/1999

Benutzte und weiterführende Literatur

Brüder Grimm: Kinder- und Hausmärchen. Vollständige Ausgabe. Nikol Verlagsgesellschaft mbH & Co KG, Hamburg 2014

Brüder Grimm: Grimms Märchen. Gesamtausgabe. Kinder und Hausmärchen, gesammelt durch die Brüder Grimm, Noris Books, Fürth o.J.

Koneckis, Ralf: Mythen und Märchen – Was uns die Sterne darüber verraten, Franckh-Kosmos Verlags GmbH & Co., Stuttgart 1994

Kirchoff, Jochen: Oben der Himmel, unten die Erde. Zur kosmisch-irdischen Polarität von Schwere und Licht – Tiefenökologie und Evolution des Bewußtseins. Erschienen in Hagia Chora 2/1999

Storl, Wolf-Dieter: Die alte Göttin und ihre Pflanzen – Wie wir durch Märchen zu unserer Urspiritualität finden, Kailash Verlag, München 2014

Über den Autor

Stefan Brönnle, geboren 1965, studierte Landespflege mit Schwerpunkt Landschaftsökologie an der TU München und schloss mit der Diplomarbeit »Spiritualität und Landschaft« das Studium ab. Seit 1987 Studium des Qi Gong, Taijiquan, Radiästhesie, Schamanismus, Religionswissenschaften, Ausbildung in Technical Remote Viewing (TRV), Focusing sowie verschiedenen Wahrnehmungstechniken.

Seit 1993 Inhaber des Büros für geomantische Planung mit Sitz in 84405 Dorfen. Tätig als geomantischer Berater und Gestalter im privaten und öffentlichen Raum. www.stefan-broennle.de

1993 Gründung der Schule für Geomantie »Hagia Chora«

2006 Gründung der Schule für Geomantie & Schamanismus »INANA«; www.inana.info

2008 erhielt er von der Baseler Gesellschaft für Radiästhesie und Geomantie den Zwillerpreis verliehen: Prägende Förderung und Entwicklung der Geomantie in ganz Europa. Türöffner für die Radiästhesie zu neuen, reichen und erlebbaren Welten.

Seit 2011 Lehrauftrag an der Hochschule Weihenstephan-Triesdorf im Fach »Geomantie und Feng Shui in der Landschaftsarchitektur«

Publikationen:
Landschaften der Seele (Kösel 1994 & Schirner 2006), Das Haus als Spiegel der Seele (Neue Erde 2007), Grenzenlose Sinne (Neue Erde 2008), Die Kraft des Ortes (Neue Erde 2009), Der Mensch im Kraftfeld der Technik (Neue Erde 2009), Heiliger Raum (Neue Erde 2010), Der Paradiesgarten (Neue Erde 2011), Geistige Wesen (Neue Erde 2012), sowie zahlreiche Artikel zum Themenfeld Geomantie & Wahrnehmungstechnik.

Stefan Brönnle leitet Ausbildungen, Schulungen und Seminare im breiten Themenspektrum von Erde und Mensch und berät Privatpersonen und Kommunen bei geomantischen Analysen, wirkt in Landschaftsgestaltungen und Städtebau mit und arbeitet für zahlreiche internationale Organisationen von der Schweiz bis Norwegen.

Unsere Wohnung zu wandeln, verwandelt uns

Die Wohnung und das Haus sind eng mit unseren Wünschen, unseren Bedürfnissen, aber auch unseren Schatten verbunden. Sie sind ein Spiegel unserer Seele. Was für Astrologen das Horoskop ist, das ist für Geomanten der Wohnungsgrundriss. Der ausgewiesene Fachmann und Geomantie-Ausbilder Stefan Brönnle stellt in diesem Buch in einfachen und leicht nachvollziehbaren Schritten vor, wie wir Harmonie in unserem Haus schaffen – die zurückspiegelt in unsere Seele.

Stefan Brönnle
Das Haus als Spiegel der Seele
Wie wir durch Änderungen in unserem Wohnumfeld
unsere Seele heilen
Paperback, 144 Seiten, zahlreiche Abbildungen
ISBN 978-3-89060-254-7

Die Energien der Erde erspüren, erkennen und nutzen

Jeder kann es spüren: Orte sind verschieden. An manchen Plätzen fühlen wir uns wohl, belebt und gelöst, an anderen angespannt, müde oder gestresst. Die Erde ist durchzogen von Gesteinsschichten und Wasseradern, aber auch von energetischen Strukturen. Die Geomantie spürt diese Unterschiede auf, und aus dem Wissen um die spezifische Kraft eines Ortes können wir eine wohltuende Beziehung zu ihm aufbauen.

Das Buch wurde als Einstieg in das weite Feld der Geomantie konzipiert. Es schneidet daher die verschiedensten geomantischen Arbeitsebenen (wie Radiästhesie, Landschaftsinterpretation, Heiligen- und Flurnamensinterpretation, Erdheilung, Traumarbeit u.v.m.) an.

Stefan Brönnle
Die Kraft des Ortes
Die Energien der Erde erspüren, erkennen und nutzen
Paperback, 160 Seiten
ISBN 978-3-89060-540-1

Ein Kernbereich der Geomantie in umfassender Gesamtschau

Kultplätze, Tempel, Kirchen – heilige Räume und sakrale Bauten begleiten die Menschheit seit ihrem Beginn. Was die Heiligkeit der Räume ausmacht, wie die unterschiedlichen Kulturen ihr Ausdruck verliehen und welcher Techniken sie sich bedienten wird in diesem Buch umfassend und kompetent dargelegt; und es wird beschrieben, wie jeder von uns heute sich ebenfalls einen »heiligen Raum« erschaffen kann.

Stefan Brönnle
Heiliger Raum
Sakrale Architektur und die Schaffung »Heiliger Räume« heute
Paperback, 208 Seiten
ISBN 978-89060-544-9

Hellsehen kann jeder!

Infrarot, Ultraschall, Röntgenstrahlen, das mikroskopisch Kleine... Dass es vieles gibt, was wir nicht wahrnehmen können, was aber trotzdem wirklich ist, weiß jedes Kind. Und es gibt Dinge, die uns auch technische Hilfsmittel nicht zeigen, die aber mit einer darauf ausgerichteten Wahrnehmung zu erkennen sind. Dieses Buch möchte Grenzen unserer Vorstellung sprengen, die uns daran hindern, unsere »übersinnlichen« Sinne zu nutzen. Mit vielen praktischen Übungen beweist uns Stefan Brönnle: Jede/r kann hellsehen.

Stefan Brönnle
Grenzenlose Sinne
Intuition – Empathie – Hellsehen
Das Grundlagen- und Arbeitsbuch zur Fernwahrnehmung
Paperback, 144 Seiten
ISBN 978-3-89060-269-1

Den Garten als Kraftort gestalten

Das Urbild des Gartens ist der Paradiesgarten, jener Ort oder Zustand, wo Geist und Materie, Mensch und Natur noch eins waren. Einen solchen Garten kann jeder bei sich zu Hause erschaffen: Gärten, die Kraft spenden, Gärten, die Sinn geben, Gärten, die zur Erkenntnis verhelfen. Anhand vieler Beispiele für geomantische Gestaltung in der Gartenkunst, die auch heute in unserem Raum noch zu besichtigen sind, gibt er uns viele Belege für das Zusammenwirken von Mensch und Landschaft. Wir betrachten die Klostergärten des Mittelalters ebenso wie Schlossgärten des Barock; wir besuchen Parks, die von Templern oder Johannitern gestaltet wurden ebenso wie Goethes Garten oder jenen von Fürst Pückler-Muskau. Zuletzt entdecken wir einen heute neu angelegten Feng Shui-Garten von Meister Bao Shann Suen in Husum.

Stefan Brönnle
Der Paradiesgarten
Gärten der Kraft planen und gestalten
Paperback, 208 Seiten, mit vielen Abbildungen
ISBN 978-3-89060-556-2

Vom Wesen geistiger Wesen

Geistwesen, Naturwesen, Elementare, Elementale, Engel, Seelen, Phantome, Geister... Namen und Benennungen gibt es unglaublich viele. Der Raum um uns, so scheint es, ist von geistigen Wesenheiten erfüllt. Stefan Brönnle geht in gewohnt gründlicher Weise auf die unterschiedlichen Ebenen und Phänomene der ätherischen Welt ein.

Stefan Brönnle
Geistige Wesen
Engel, Elementale und das Ätherische
Paperback, 176 Seiten
ISBN 978-3-89060-601-9

Mit beiden Füßen auf der Erde

Es gibt ein wachsendes Bewusstsein, wie wichtig es für unser Wohlbefinden ist, möglichst viel barfuß zu gehen. Dass uns dies jedoch auch mit der Erde verbindet, dass wir sie so besser wahrnehmen und in einen lebendigen Austausch mit ihr kommen, das möchte dieses Buch vermitteln.

Johanna Goede
Geh und fühle
Barfuß im Dialog mit der Erde
Paperback, 160 Seiten
ISBN 978-3-89060-718-4

Der Mensch wird die Erde nicht retten... aber vielleicht die Erde den Menschen

Die Vorstellung vom Menschen als dem denkenden Wesen und vom Rest der Welt als der unbewussten Biosphäre ist noch relativ jung – und völlig falsch. In ihrer Rückschau in die Menschheitsgeschichte, durch ihre Fragen, was Geist, Gehirn und Denken eigentlich sind, und in ihrer Betrachtung der Lebensstufen des Menschen legt Dolores LaChapelle überzeugend dar, dass nur-menschliches Wissen allein nicht ausreicht, um ein globales ökologisches Gleichgewicht zu erreichen. Vielmehr muss sich unser menschlicher Geist wieder dem Geist-im-Großen, der Weisheit der Erde anschließen.

Dolores LaChapelle
Weisheit der Erde
Von der Erde lernen heißt leben lernen
Paperback, 384 Seiten, mit 25 s/w-Fotos
ISBN 978-3-89060-610-1

Mutter Erde ruft an

In Linnanders Aufzeichnungen begegnet uns die Erde als fühlendes, bewusstes und lebendiges Gegenüber, das in enger Verbindung zu uns steht und Gesprächspartner sein will. Jedes Mal, wenn Menschen begeistert, erregt oder schöpferisch tätig sind, hat sie Anteil daran, sagt sie. »Die Erde spricht: Ich bin mit euch« zeigt, dass Mensch und Erde ein gemeinsames Ziel haben: Freiheit und Intimität zuzulassen und zusammenzubringen. In diesem Buch wird die Erde zum Partner einer Menschheit, der klar wird, dass sie schon immer im Kontakt und Austausch mit der Erde steht. Damit öffnet sich der Blick auf eine Zusammenarbeit, die alle Lebensbereiche umfasst. Die Erde möchte, dass wir unsere Geschichte besser verstehen und unsere Zukunft gemeinsam mit ihr gestalten.

Sten Linnander
Die Erde spricht: Ich bin bei euch
Paperback, 192 Seiten
ISBN 978-3-89060-627-9

Das *ganze* Leben der Bäume

Dieses Buch bietet eine kompakte Übersicht über Biologie und Ökologie der Bäume und viele wenig bekannte Tatsachen über die Bedeutung der Wälder für den Planeten. Es führt uns in das Innere der Bäume, die faszinierende Welt der Zellen und Moleküle, erklärt die elektromagnetischen Kraftfelder und wie Bäume mit Hilfe von Licht kommunizieren. In zweiten Teil geht es um die tiefe kulturelle Verbindung des Menschen mit den Bäumen von der Steinzeit bis heute (»die uralte Freundschaft von Baum und Mensch«), und im dritten Teil werden die wichtigsten heimischen Bäume in ausführlichen Porträts vorgestellt.

Fred Hageneder
Der Geist der Bäume
Eine ganzheitliche Sicht ihres unerkannten Wesens
Hardcover, 416 Seiten, mit Lesebändchen
ISBN 978-3-89060-632-3

Seelenlandschaften wiederentdecken

Wahre Schamanen sind nicht in erste Linie Heiler von Menschen. Vielmehr wirken sie heilend auf das ganze Gewebe von menschlicher und nichtmenschlicher Welt ein. Schamane sein heißt, in das Ganze der Landschaftsseele eingebunden und im Austausch mit ihren Seelenwesen zu sein. Der einzelne Mensch wie die Gesamtheit der Menschen kann erst wieder gesunden, wenn sie sich wieder einfügen in die wechselseitige Bezogenheit alles Beseelten, einschließlich Stein und Berg.

Waltraud Hönes
Seele der Landschaft – Landschaft der Seele
Eine Wiederbegegnung von Mensch, Mythos und Natur
Der schamanische Weg von Wayna Fanes
Hardcover, 128 Seiten, 14 Farbtafeln
ISBN 978-3-89060-625-5

Positives ist machbar!

Alternative Lebensformen, wie sie in den Ökodörfern weltweit erprobt werden, schaffen Modelle gelebter Nachhaltigkeit. Angesichts von Klimawandel, Armut, Einsamkeit und Krieg arbeiten sie an Lösungen und erproben sie im wirklichen Leben – meist mit einfachen Mitteln, aber oft mit spektakulären Ergebnissen. In diesem Buch stellen wir eine Auswahl von Ökodörfern aller Kontinente vor, die einen Eindruck vom Reichtum und der Vielfalt der Bewegung geben. Texte von und Interviews mit GründerInnen oder langjährigen Gemeinschaftsmitgliedern legen sehr persönlich Zeugnis ab von einem der größten Abenteuer unserer Zeit: unser Leben angesichts globaler Mächte wieder in die eigene Hand zu nehmen.

Kosha Anja Joubert, Leila Dregger
Ökodörfer weltweit
Lokale Lösungen für globale Probleme
Klappenbroschur, 192 Seiten, mit vielen farbigen Fotos
ISBN 978-3-89060-664-4

Hier kann man sich zum **Neue Erde-Newsletter** anmelden:
newsletter.neueerde.de/anmeldung

NEUE ERDE im Buchhandel

Sollte es Lieferschwierigkeiten bei den Büchern von NEUE ERDE geben, lassen Sie immer im VLB (Verzeichnis lieferbarer Bücher) nachsehen, im Internet unter **www.buchhandel.de**

Alle lieferbaren Titel des Verlags sind für den Buchhandel verfügbar.

Sie finden unsere Bücher auch auf unserer Homepage **www.neue-erde.de** oder in unserem Gesamtverzeichnis, welches Sie gerne hier anfordern können:

NEUE ERDE GmbH
Cecilienstr. 29 · 66111 Saarbrücken
info@neue-erde.de